具体的な対応がわかる

気になる子の保育

発達障害を理解し、保育するために

徳田克己 監修　水野智美 編著

チャイルド本社

はじめに

「何とかこの子を伸ばしてあげたい。だけど、どうすれば落ち着いて席に座ってくれるのか、どうすれば泣いて暴れなくなるのか」といった悲鳴に近い相談が、私たちの研究室に年間 500 件以上寄せられます。そのような保育者からの相談に対して、精神論を説くのではなく、具体的な支援方法を示してきました。保育者が自信をもって子どもたちの前に立ち、また保護者に話しかけることは、「よい保育」の前提です。

「いくら言っても私の指示に従ってくれない」「保育中にふらっと教室から出て行ってしまう」「いつも教室の床にゴロゴロ寝ている」「じっとしていなくて走り回っている」などの特徴のある子どもたちが、保育者の悩みとなっています。いわゆる保育者の「気になる子ども」です。これらの子どもたちは保育者にとって「困った存在」ととらえられがちですが、実は子どもたち自身がどう行動してよいかがわからず、もっとも困っているのです。保育者のもつ困り感と子どものもつ困り感は、裏表の関係なのです。

この本には、子どもが困らないような保育の方法を具体的に書きました。しかも、文字ばかりの本ではなく、イラストを多用しています。紹介している方法は、保育現場ですぐに使えます。この本は「気になる子どもの保育に関する具体的な方法が、イラストを見るだけでわかる画期的な本」になったと自負しています。子どもたちの“困る姿”がなくなって、保育の場に笑顔があふれることを願ってやみません。

平成 24 年 6 月

監修者　徳田克己

具体的な対応がわかる

気になる子の保育

── 発達障害を理解し、保育するために ──

はじめに…… 3

第1章

気になる子と発達障害の特徴

①気になる子とは?…… 8
②自閉症とは?…… 10
③アスペルガー障害とは?…… 12
④ADHDとは?…… 14
⑤知的障害とは?…… 16
⑥その他には?…… 18

第2章

気になる子への対応

「気になる子どもの保育」の基本…… 20

身辺自立編

登園後の支度を指示なしでできない…… 24
持ち物を決まった所に置けない…… 28
登園の際なかなか保育室に入れない…… 32
偏食が激しい……36
食事の途中で立ち歩いてしまう…… 40

言葉編

保育者の話を聞けない…… 44
自分勝手に話し始める…… 48
うそをついてしまう…… 52

遊び編

遊びを決められない…… 56
自分の好きな物をひとり占めする…… 60
順番を守れない…… 64
高い所に登ってしまう…… 68
周りの子どもをたたいてしまう…… 72
他の子どもが怒っているのを理解できない…… 76
水遊びをやめられない…… 80

保育活動編

活動の途中で部屋を出てしまう…… 84

ゴロゴロしている…… 88

一番にならないと怒る…… 92

製作活動が苦手…… 96

部屋がうるさいと耳をふさぐ…… 100

活動中じっとしていられない…… 104

行事に参加できない…… 108

次の活動になかなか移れない…… 112

昼寝をしない…… 116

第3章 周りの子どもと保護者への対応

周りの子どもとの関係編

周りの子どもが世話をしすぎる…… 120

「どうしてあの子だけ」と言ってくる…… 124

発達障害のある子どもの参加を嫌がる…… 128

保護者編

保護者が話を聞いてくれない…… 132

家庭での姿と違うので信じてもらえない…… 136

専門機関の支援の内容を伝えてくれない…… 140

第1章

気になる子と発達障害の特徴

1 気になる子とは？

着替えや排泄といった日常生活の動作をスムーズにできない、保育者の話を聞いて理解できない、保育者の話が耳に入っていない、友達に乱暴をする、保育者が何度注意しても同じことを繰り返すなど、日常生活のさまざまな場面で保育者からの特別な支援を必要としている子どもが、幼稚園や保育所にはたくさんいます。このような子どもを「気になる子ども」と呼んでいます。

●気になる子ども●
特別な支援を必要としている

「気になる子ども」のなかには、後から説明する、自閉症やアスペルガー障害などの発達障害のある子どもが多く含まれています。幼稚園や保育所を巡回すると、20 人に 1 人以上の割合で発達障害があると思われる子どもがいます。それだけ、発達障害のある子どもは珍しくない存在なのです。

発達障害は脳の機能に何らかの問題があることから生じると考えられています。決して、養育環境に問題があったために起こるわけではありません。発達障害は、病気やけがとは違い、治ることはありません。しかし、発達障害のある子どもは、適切な環境で保育や教育を受けることによって、日常生活での困難が少なくなったり、能力を十分に発揮したりしていきます。１人ひとりの特性をよく把握し、その子どもに合ったサポートの仕方や環境をつくることが大切になります。

●グレーゾーンの子どもたち●

困っている状況に合わせた支援が必要

発達障害であるという医学的診断を受けなくても、発達障害の特性がいくつか見られる子どもがいます。いわゆるグレーゾーンと言われる子どもです。

「この子どもたちは発達障害ではないので、発達障害のある子どもに行うような特別な支援は必要ない」と考えるのは、間違いです。このような子どもたちも、発達障害のある子どもと同じように、感覚が敏感であったり、注意力が持続しなかったり、話を聞いて理解することが苦手だったりするなど、いくつもの困難を抱えているのです。「発達障害という医学的診断があるから支援する」と考えるのではなく、子どもが困っている状況があれば、それを早く保育者が察して、診断の有無にかかわらず、何に困っているのか、どのように困っているのか、どう対応すればその困難が軽減するのかを考えることが必要です。

●養育環境や発達の違いによることもある●

保育者や保護者の適切な対応が大切

子どもが気になる行動をする原因は、これまでに紹介した発達障害によるもの以外に、「保護者の育て方や養育環境によるもの」があります。例えば、家庭のなかで家族が日常的に暴力をふるっていれば、子どもも嫌なことがあると友達に手を出してしまいます。それは、暴力で解決することを学習しているためです。

また、「個々の発達のスケジュールの違い」によって、子どもに気になる行動が見られることもあります。特に子どもの年齢が小さいときには、発達のスケジュールには個人差があります。早熟な子どももいれば、ゆっくりと成長する子どももいます。

何が原因であっても、保育者や保護者の適切な対応によって、子どもの「気になる」行動は確実に軽減していきます。

子どもが気になる行動をする原因

2 自閉症とは？

自閉症には、対人関係の障害、コミュニケーションの障害、こだわりの強さという３つの特徴があります。

●対人関係の障害●

周りの人と気持ちを共有することが苦手

自閉症の子どもは人と関わることが苦手です。人との関わりに興味を示さず、保育の場においても周りの子どもとまったく関わろうとしないことがあります。また、人と関わるのは、「物をとってほしい」「何かを食べたい」といった要求をするときだけという場合もあります。

周りの人と楽しい、うれしい、悲しいなどの気持ちを共有することが苦手という対人関係の特徴があるため、保育の場では、友達といっしょに遊べない、孤立してしまうという様子が見られます。

●コミュニケーションの障害●

言葉を聞いて理解することが苦手

自閉症の子どもには、言葉の発達の遅れが見られます。２、３歳を過ぎても言葉がまったく出なかったり、言葉が出ていたとしても、意味のある言葉を話さない場合があります。

例えば、コマーシャルで聞くフレーズはよく覚えて口ずさんでいるのに、パパ、ママといった言葉をコミュニケーションのための道具として使いません。大人が投げかけた言葉をそのまま返す「オウム返し」をする子どももいます。

また、相手が話すことを理解したり、自分の思いを相手に伝えたりすることが苦手です。特に、言葉を“聞いて”理解することが苦手という特徴もあります。そのため保育の場では、クラス全体に指示したことが、自閉症の子どもには伝わっていないと

いうことがよく起こります。

●こだわりの強さ●
いつもと同じということが落ち着く

自閉症の子どもたちは変化が苦手で、いつも同じ状態にあると気持ちが落ち着きます。「次に何をするのか」という見通しをもてないことや「予想していたことと違うことが起こる」という状況がとても苦手です。しかし、幼稚園や保育所では、「きょうは雨が降っているから、お散歩はやめてホールで遊びます」というように、予定が変わることがよくあります。このような変化が苦手で、パニック（激しく泣き叫ぶこと）を起こしてしまうことがあります。

また、手をひらひら目の前で動かしたり、ぴょんぴょん飛び跳ねたり、くるくる回ったりすることもあります。これらは自己刺激行動（常同行動）といって、手もちぶさたなときや、何をするかがわからないとき、不安なときによく起こります。自分で刺激をつくり出して、自分にとって心地よい状態にしているのです。

●このほかの特徴●
感覚が敏感だったり鈍感だったりする

先にあげた３つの特徴のほか、多くの自閉症の子どもに見られる特徴として、感覚の異常があげられます。

感覚には、視覚、聴覚、触覚、嗅覚、味覚などがありますが、そのうちのどれかが敏感だったり、鈍感だったりします。聴覚が敏感であるために、ざわざわした所が苦手で保育室に入ったら耳をふさいでしまう子どもがいます。また、触覚が敏感で触れられるのを嫌がったり、味覚が過敏であるために偏食があったりする子どももいます。

3 アスペルガー障害とは？

自閉症に見られる３つの特徴があっても、知的発達の遅れがない場合を、アスペルガー障害と言います。アスペルガー障害とほぼ同じ意味で、高機能自閉症、アスペルガー症候群といった言葉が使われています。

アスペルガー障害の子どもに特に多く見られる特徴は、以下のとおりです。

●対人関係の障害●

他の人の気持ちを察することが苦手

4、5歳になると、子どもたちはその場の雰囲気や周りの友達の表情を気にかけながら遊んだり、関わったりします。例えば、友達が悲しそうだと感じたらなぐさめるというように、周りの気持ちを読んで接していきます。

しかし、アスペルガー障害の子どもは、他の人の気持ちを察することが苦手です。「この言葉を聞いたら、相手はどう思うか」を考えるのが難しいため、太っていることを気にしている子どもに対して、「太ってるね」と言って怒らせたり、泣かせたりしてしまうことがあります。

また、「秘密」と言われたら他の人に言ってはいけないという暗黙のルールを理解することが苦手です。「秘密だよ」と友達から言われたことを他の友達に話してしまい、友達を怒らせてしまうこともあります。

●コミュニケーションの障害●

言葉の意味を理解して使っていない

自閉症の場合と異なり、アスペルガー障害の子どもには、言葉への関心が高く、おしゃべりな子どもが多くいます。なかには大人が使うような言葉をたくさん覚えていたり、難しい言葉を知っていたりする子どももいます。

しかし、これらの言葉の意味を理解して

使っているわけではありません。このような子どもは、理解力があると思われてしまい、「言われていることはわかっているのに、わざと大人の言うことを聞かない」と周囲の人から誤解されることがあります。

また、「折り紙でドーナツを作ります」と言われたら、「折り紙でドーナツは作れないよ」と答えるというように、言葉を文字どおりに受け取って、会話がスムーズにいかなかったり、トラブルが生じたりする場合があります。

アスペルガー障害の子どものなかには、人に話しかけることが好きで、一見すると人と関わることが得意なように見える子どももいます。しかし、よく見ていると、相手と話がかみ合っていなかったり、一方的に好きなことを話しているだけだったりします。

●こだわりが強い●

臨機応変な対応や変化が苦手

アスペルガー障害の子どもも、自閉症の子どもと同じように変化が苦手でこだわりがあるため、予定が変更されるととまどってしまいます。朝起きたらまずカーテンを開けて、着替えをして…といった自分のなかのルールが変わってしまうことを、極端に嫌がります。決まったことを決まったとおりにすることにこだわるので、臨機応変な対応やその場に合わせることが苦手です。

一方、このこだわりが好きなことに向けられると、抜群の集中力を示し、夢中になって取り組みます。虫が好きな子どもなら図鑑を丸暗記するくらい虫のことに詳しかったり、電車が好きな子どもは電車博士と呼ばれるくらい知っている、ということがあります。数字や文字、記号などに強い興味を示す子どももいます。

4 ADHDとは？

ADHDは、注意欠陥多動性障害とも言います。ADHDには、多動性、衝動性、不注意などの特徴があります。これらのうちの１つだけが見られる子どももいれば、いくつかの特徴をもつ子どももいます。

●多動性の特徴●

注意が次々と移ってしまう

多動性の特徴のある子どもは、目に入った物、聞こえてきた音などに次々と注意が移ってしまい、それを自分でコントロールすることが苦手です。そのため、座っていなければならないときに席を離れてしまったり、活動の最中にふらふらと歩き回ったりしてしまいます。座っている間も、落ち着きなく身体を揺らしたり、手足を動かしたりする様子が見られることがあります。

●衝動性が高い●

自分で行動をうまく抑えられない

衝動性の高い子どもは、他の子どもに対して言葉で伝えるより先に、押す、たたくなどの行動が出てしまうことがあります。その行動を自分で抑えることがうまくできないので、「言葉で伝える」「たたいてはいけない」ということを頭では理解していても、同じことを繰り返してしまいます。

また、やりたいことがあると、状況を考えずに自分の気持ちを先行させてしまいます。そのため、並んでいる子どもを押しのけてブランコを使おうとする、保育者の話をさえぎって自分が話し始めるといったように、順番やルールを守れないことがあります。

●不注意が目立つ●

1つのことに長く注意を向けることが苦手

不注意が目立つ子どもの場合は、１つのことに注意を長く向けていることが苦手です。そのため、保育者の話の途中で注意がそれて話の内容を聞きもらし、いざ活動を始めるときにとまどってしまうことがあります。活動中にも集中力が持続せずに、しばしば手を止めてボーとしています。

また、道具をしまい忘れたり、自分が使っていた物をどこに置いたかがわからなくなって探し回ったりする様子が見られます。

●活動にうまく参加できない●

自ら自己評価を低めてしまう

ADHDの子どもは、気が散りやすく、集中力を持続させることが苦手なので、活動にうまく参加できないことがあります。

例えば、園庭で運動会の練習をしているときに、練習中にもかかわらず自分の好きな遊具が目に入ると、「練習が終わるまでは遊具で遊ぶのを我慢する」ことができず、遊具で遊び始めるといったことが起こります。また、製作活動をしている途中で別の遊びを始めてしまい、みんなが完成しているのに、その子どもだけがまだ完成していないことがあります。さらに、思いどおりにいかなかったときに自分の気持ちを抑えられず、激しく怒って暴れたりすねたりして、落ち着くまでの間は活動に参加できなくなる子どもがいます。

周りの大人から「どうして友達をたたくの」「話をちゃんと聞きなさい」と叱られたり、「なぜ、何度言ってもわからないの」と言われたりします。そのため、成長するなかで、「自分はどうせ失敗ばかりするだめな人間だ」と自己評価を低めてしまうことになります。

5 知的障害とは？

●運動面の発達の遅れ●

動きにぎこちなさが見られる

知的な発達が遅れていると、運動面にも遅れやぎこちなさが見られることがあります。例えば、赤ちゃんの頃から首がすわる時期やおすわりができる時期などが遅いことが多くあります。特に障害の重い子どもは、そういった遅れが目立ちます。

幼児期には、身体を支える力が弱く、すぐに寝転がってゴロゴロして過ごす子どもがいます。また、歩くときにかかとが浮いてしまう、他の子どもとぶつかるとすぐに転んでしまうなど、身体のバランスがうまくとれず、動きにぎこちなさが見られることがあります。

さらに、物をにぎる力が弱かったり、指先を思いどおりに動かすことが苦手である子どももいます。そのような子どもには、持っている物をすぐに落としてしまう、物をつまむことがうまくできない、ボタンをうまくはめることができないなどの様子が見られます。

●周りへの働きかけが弱い●

自分の状態をうまく伝えられない

知的障害のある子どもは、自分から周りの人に働きかけることや、周りの働きかけに反応することが苦手です。

そのため、けがをしているのに痛がる様子を見せないことがあります。体調が悪くても、保育者が気づくまで、それをうまく伝えられずにいることもあります。

●言葉の理解が難しい●

言葉を使ったコミュニケーションが苦手

言葉をまったく話さない子どもがいます。言葉を意味のあるものとして理解することが難しいためです。

また、意味のある言葉を口にしたとしても、ただのフレーズ（音のつながり）として覚えているだけということがあります。さらに「わかる言葉」（聞いて理解できる言葉）の数が少ないため、言葉だけを使ってコミュニケーションをとることは苦手です。

●未体験のことが不安●

先を見通して行動することが苦手

一般的に幼児期の子どもたちは、これまでに経験のない新しい活動でも、楽しんで参加することができます。また、以前に行った活動と似ていると「前にもやったことがあるよ」「ぼく知っているよ」と自信をもって活動に取り組めます。

しかし、知的障害のある子どもは、新しい活動には不安を感じてしまいます。以前に行った活動と似ていても、知的障害のある子どもにはまったく別の新しい活動に思えてしまい、参加することを嫌がることがあります。

また、わからないことやできないことがあったときにも、その課題に取り組むことを嫌がることがあります。他の子どもたちは、「今はうまくできなくても、練習をしたらできるようになる」「上手にできるようになったら先生やお父さん、お母さんがほめてくれる」というように、少し先のことを想像して、目の前の課題に取り組むことができます。しかし、知的障害のある子どもは、先を見通して行動することが苦手です。そのため、そのときに嫌なこと、苦手なことを避けようとするのです。

6 その他には？

●てんかん●

大発作、小発作、部分発作などがある

発達障害のある子どものなかには、てんかんを併発している子どもがいます。

一般的に、てんかんと言うと、意識を失って倒れる発作をイメージすることが多いですが、それは大発作と言います。大発作を起こすと、子どもは意識を失って突然その場に倒れたり、倒れたあとにけいれんを起こしたりします。

てんかんには大発作以外にも、数秒間ボーとしているように見える小発作、身体の一部だけがけいれんしたりする部分発作などがあります。

小発作を起こした場合には、数秒間ボーとしている、あるいは手に持っていたものを落とすなどの様子が見られます。小発作を起こしている間、子どもは意識を失っていますが、その時間が数秒と短いこと、倒れたりするわけではないことなどから、意識を失っていることがわかりにくく、保育者が気づかないことがあります。

また、部分発作が起きている間に意識を失うことはありません。この発作では、おさまるまで手足などの身体の一部がぴくぴくとけいれんしたり、「変なにおいがする」「幻覚が見える」などの感覚や感情の異常を経験したりします。

●発達性協調運動障害●

動きにぎこちなさや不器用さが見られる

発達性協調運動障害の子どもには、知的な遅れや手足のまひがあるわけではないのですが、ボタンをうまくはめられない、物をうまくつかめない、ボールを上手に投げることができない、歩き方がぎこちないなどの運動面での不器用さが見られます。「同年齢の子どもと比べて動きに極端なぎこちなさや不器用さがある」のが、この障害の特徴です。

園の生活においては、ボタンをはめるのに時間がかかる、食べ物を箸ではさむことができない、トランポリンで上手に跳ねることができない、よく転ぶなどの様子が見られます。保育者が励ますと、努力しようとしますが、結局うまくいかず、運動遊びなどへの参加に消極的になることがあります。

第2章

気になる子への対応

「気になる子どもの保育」の基本

気になる子どもの保育に必要なのは「知識」と「技術」をもつこと

最近では、ほとんどの幼稚園、保育所に発達障害のある子どもが在籍しています。１つのクラスに数人いることも珍しくありません。

これまで、発達障害のある子どもの保育は、「目の前の子どもに合わせた保育をすればよい」「愛情をかけて保育をすれば子どもは応えてくれる」などと抽象的な精神論で片づけられてしまっていました。

しかし、「目の前の子ども」が起こしている問題の原因は何であり、どのように対応すればよいのかといった具体的な対応策がなければ、発達障害のある子どもの保育はできません。

また、同じような問題を示していても、子どもによって原因が異なります。例えば、「高い所に登ってしまう」子どものなかには、「危険なことがわからない」ためにしている子どももいれば、「保育者の気をひきたくてわざとしている」子どももいます。

原因を見つけ出し、対策を立てるために、保育者は発達障害に関する知識と技術をもつことが必要なのです。

気になる子どもを担当する

保育者がするべき保育

発達障害のある子どもを担当する保育者は、「子どもの障害の特性や状況に合わせた保育をすること」はもちろん、「保護者を支援すること」「周りの子どもの障害理解を促すこと」が求められています。

「保護者を支援する」とは、発達障害のある子どもの保護者の悩みを受け止め、いっしょに子どもを育てていくための関係をつくることです。保護者は、わが子の障害を受容するまでにショックを受けたり、孤独を感じたり、周囲に攻撃的になったりするなど、心理的に大きく揺れ動きます。子どもをどのように育てたらよいのかがわからず不安に陥っていることも多くあります。保育者は、そのような保護者の気持ちを受け止め、寄り添うことが必要です。それによって、保護者はわが子の障害を受容し、子どもに合った対応の仕方を考えていけるようになります。そして、他の子どもと比べるのではなく、わが子の成長に目を向けられるようになるのです。

「周りの子どもの障害理解を促す」とは、発達障害のある子どもの周りにいるクラスメートなどが、その子どもを仲間として受け入れ、適切な友人関係をもてるように、保育者が導くことです。周りの子どもがその子どもの世話をしすぎてしまったり、反対に仲間に入れることを嫌がったりすることがよく見られます。保育者は周りの子どもの気持ちを受け入れつつ、両者が共にそれぞれから影響を受けて成長していけるように指導してください。

必要な技術1
「はっきり」「短く」「具体的に」

発達障害のある子どもは、程度の差はあっても共通して保育者の言葉を聞いて内容を理解することが苦手です。子どもに指示をする際には、言葉だけでなく、絵カードや実物、ジェスチャーなどの「見てわかる手がかり」を使って、保育者が何を伝えたいのかがはっきりとわかるようにしてください。

また、発達障害のある子どもの多くは、抽象的な言葉を理解することができません。保育者はしばしば「ちゃんと並びなさい」「きちんと座りなさい」などの言葉を使いますが、「ちゃんと」や「きちんと」などの具体性のない表現では、どうすればよいのかがわかりません。「○○ちゃんの後ろに並びます」「足のマークの上に立ちます」などと、具体的に伝えるようにしてください。

さらに、保育者は「○○をしたあとに△△をして、それから……」などと、たくさんの指示を一度にしてしまうことがありますが、このような指示では発達障害のある子どもは話の途中で集中力が途切れてしまったり、行動している途中で次に何をすればよいのかがわからなくなったりします。指示は短く、1つずつするようにしてください。

必要な技術2
変化がある前には予告する

発達障害のある子どもの多くは、変化が苦手です。いつも同じ場所にお気に入りの絵本が置いていないと、気分が落ち着かなかったり、内科健診や歯科健診といった普段の活動にはない出来事があると、とまどいを感じます。

また、発表会や運動会などの行事では、普段はかかっていない音楽が流れていたり、大勢の観客がいたりするため、不安な気持ちでいっぱいになってしまいます。とまどいや不安な気持ちが高まると、パニックになったり、興奮を抑えられなくなったりします。

発達障害のある子どもには、できるだけ変化が少なくなるように工夫しなくてはなりません。例えば、その子どものお気に入りの物は決まった場所に置くようにする、新学期になっても靴箱の位置や持ち物を示すマークを変えないなどの方法があります。

しかし、どうしても変化が生じる場合には、事前に予告をして、本人に心づもりをさせてください。例えば、内科健診の前日には、「明日はお医者さんにおなかを見せます」と伝えておき、当日もそのことを話します。１日の流れをスケジュール表に示して、その日のいつ内科健診があるのかがわかるようにしていれば、安心できます。

また、運動会の前に、昨年度の様子を示したビデオを見せるだけでも、運動会の雰囲気を知ることができ、当日の不安が和らぎます。

登園後の支度を指示なしでできない

パターン 1

手順を覚えられない

登園してきたのはいいけれど、どうしてよいのかがわからず泣きわめく。

絵カードで手順を示そう

スモックを着ます。

絵カードを見せながら言葉をかける。

言葉を聞いて理解することは苦手でも、目で見て覚えることは得意な子どもがいます。そのような子どもには、絵カードや実物を見せ、簡単な言葉かけをしながら指示をします。

指示をするときは1つのことができてから次の指示を出すようにして、一度にたくさんの指示を与えないようにします。

また、日課を行う場所の近く（ロッカーの脇など）に手順を示すイラストを貼っておくと、それを見て確認しながら行動できます。

手順を示すイラスト

①れんらくちょうを れんらくちょういれに いれる
②きがえを ロッカーにいれる
れんらくちょう
れんらくちょう

パターン 2

注意が他に向いてしまう

支度をすることよりも、他のことが気になる。

注意がそれない工夫をしよう

ついたてなどで周りの様子が見えない場所で支度をさせよう。

朝の支度をする時間は、ざわざわしていたり早く登園した子どもたちがすでに遊んでいたりと、周りに刺激がたくさんあります。集中が続かなかったり、注意がそれやすかったりする子どもは、周りの子どもたちといっしょに遊び始めてしまいます。

このような子どもには、部屋の隅を利用したり、ついたてを使って朝の支度コーナーを作り、刺激が目に入らないようにします。

また、連絡帳を決まった場所に出しに行く、タオルをかけに行くなど、朝の支度のために部屋の中を移動しなければならないことがあります。その途中には気になる物がたくさんあり、それに気をとられて遊び始めてしまうこともあります。これを防ぐため、朝の支度に必要な物を１か所にまとめます。

支度に必要な物を１か所にまとめる

登園後の支度を指示なしでできない

パターン3

何をしたらいいのかがわからなくなる

同じ行動をする友達がいないので、どうしていいかがわからない。

行動する手がかりを与えよう

手順表を貼っておけば、それを見て行動できる。

製作などの活動では、みんなで一斉に同じ行動をします。そのため、何をすればいいかがわからなくなっても、周りの子どものまねをして、同じように行動することができます。

しかし、朝の支度や給食の準備は、みんなと一斉に行うわけではないため、周りの子どもを見てまねをすることができません。

そのような子どものために、手順表を教室に貼っておきましょう。注意がそれてしまったら「どこまでできたかな？」と声をかけて、今は何をすればよいのか、自分で気づけるように促します。

Q 子どもが絵カードを理解できなかったら？

絵カードを使ってみましたが、子どもは理解できていないようです。絵カードでの指導が合っていないのでしょうか。

A 別の絵カードに変えることを試してみましょう

歯ブラシのイラストを見て「歯みがき」とわかる子どももいれば、歯みがきをしているイラストを見て「歯みがき」とわかる子どももいます。子どもによって絵からイメージすることが異なります。

また、絵カードが理解しやすい子どももいれば、実物を見せた方がわかる子ども、写真の方がいい子どももいます。

絵カードを２週間程度使って変化が見られないなら、別の絵カードや写真に変えてみるなど、その子どもに合う方法を探してみてください。

Q 自分から行動しない子どもにはどう対応したら？

保育者が声をかければできるのに、自分からは行動しない子どもがいます。どのように対応したらよいのでしょうか。

A 自分から気づけるように声をかけましょう

家庭や園で大人が先回りして声をかけることが多いと、子どもは大人がいなければ行動しないという状態になってしまいます。自分で行動できるようにするには、待つことが必要です。

大人による声かけがないと行動しない場合には「今は何をするんだっけ？」と声をかけ、子どもが自ら気づくことができるように促します。

持ち物を決まった所に置けない

パターン 1

ロッカーや靴箱の位置を覚えられない

自分の靴をどこに入れたらいいのかがわからない。

わかりやすい位置や目印にしよう

自分のマークのシールが貼ってあれば迷わない。

ロッカーや靴箱は他の子どもの物と同じ形なので、どれも同じように見えてしまい、自分の場所をなかなか覚えられない子どもがいます。

このような場合には、しまう場所を一番端にしたり、子どもの目の高さの段にしたり、子どもの顔写真や好きなマークのシール（例えば車のマークなど）を貼ったりするというように、子どもがわかる工夫をしてください。

パターン 2

片づけ方がわからない

道具箱にどうしまえばいいのかがわからない。

目で見てわかるように示そう

道具箱の中に置き場所を示す紙を貼っておく。

道具を片づけるように促しても、いつもロッカーや道具箱の中がぐちゃぐちゃになっている子どもがいます。どの位置にどう置けばよいのかがわからないために、片づけられないのです。

このような場合には、道具箱の中やロッカーのそばに、目で見て片づけ方がわかるような絵を掲示しておきます。道具箱の場合なら、道具を置く場所を示す紙を、箱の中に入れておくとよいでしょう。

持ち物を決まった所に置けない

パターン 3

不器用なので できない

着替え終わった服を、うまく入れられない。

保育者が手伝いつつ 自分でできるように促そう

できないところを保育者が手伝い、子ども自身ができる部分を増やそう。

不器用さが原因となり、１つひとつの動作をスムーズにできなかったり、時間がかかったりする場合があります。

このような場合には、全て保育者がしてあげるのではなく、あと少しでできるところまで手伝い、最後の仕上げを子ども自身にさせるようにします。子どもが自分で最後の１ステップをやり遂げることができたら「できたね」とほめ、達成感を味わえるようにしましょう。

そして、保育者が手伝う部分を少しずつ減らして、子ども自身が自分の力で行う部分を増やしていくようにします。

補足　誰をモデルにすればよいのかを具体的に示しましょう

保育者は、気になる子どもにつきっきりで指示をするわけにはいきません。きっかけを与えれば、子どもが自分で行動できるようにしていくことが必要です。

例えば、持ち物を片づける場合に、「隣のAちゃんのロッカーを見てごらん」「Aちゃんと同じになったかな」と声をかけ、友達をモデルにすることもできます。

このときに、「友達と同じようにしてみよう」という声かけだと、誰を見ればよいのかがわからない子どもがいます。モデルにする子どもを「Aちゃん」と指定すると、その子どもをまねして行動することができるようになります。

Q 進級の際、位置やマークを変えてもいい？

進級の際に、ロッカーや靴箱の位置、目印にするマークを変えてしまってもいいのでしょうか。

A できるだけ変えないようにしましょう

せっかく覚えたことを、また1から覚え直すのは、子どもにとって負担になります。

進級などで場所の移動があるときでも、可能な限りクラスの中でのロッカーや靴箱の位置を変えないようにするとよいでしょう。

どうしても位置を変えなければならない場合でも、マークは在園中ずっと同じ物を使うようにするなど、できるだけ変化を少なくするようにしてください。

登園の際なかなか保育室に入れない

パターン 1

ざわざわした雰囲気、いろいろな音が苦手

登園してきたものの、なかなか保育室に入れない。

静かな場所で落ち着いてから入るようにしよう

職員室などの静かな場所で、気持ちを落ち着かせてから保育室に入る。

発達障害のある子どものなかには、いろいろな音がする場所を嫌がる子どもがいます。朝は、登園してくる子どもがいたり、すでに遊びを始めている子どもがいたりと、保育室の中がざわざわと落ち着かない空間になっています。

登園したらまず職員室などの静かで落ち着ける場所に行って、気持ちを落ち着かせてから保育室に行くと、スムーズに入っていけることがあります。

パターン 2

活動に見通しがもてず不安になっている

何をするのかがわからなくて、保育室に入れない。

→

1日のスケジュールを示す

1日の流れを示したスケジュール表が有効。

園の中で何をするのかという見通しをもてないと、不安になり、保育室に入ることを嫌がる場合があります。

このような子どもには、1日の流れを示したスケジュール表や絵カードを使って、きょうは何をするのかを伝えます。1日の流れのなかには、その子が好きな活動を入れて、園に来ると楽しいことがあるとわかるようにするとよいでしょう。

例えば、絵本を読むことが好きな子どもの場合には、朝の支度をして、午前中の活動をしたあとに絵本を読むことを、スケジュール表に入れて示すようにします。

登園の際なかなか保育室に入れない

パターン
3

園に来ることを負担に感じている

園で過ごすことを嫌がる。

登園時間を柔軟に変える

子どもが好きな活動の時間に合わせて登園しても OK。

保護者と離れて園で過ごすことを負担に感じている子どもがいます。

みんなと同じ時間に登園することがどうしても難しいようであれば、その子どもが参加できる活動を行う時間に登園する、朝の集まりが始まる直前に登園するなど、登園時間をずらして、子どもの負担を減らすことができるような登園時間を考えていきましょう。

最初はゆっくりと登園して、園で過ごす時間を徐々に延ばしていき、最終的には朝から帰りの時間までいられるようにしていきます。

Q 登園後ずっと泣いている子どもにはどう対応したらいいの？

園での活動に不安が強く、登園後もずっと泣いている子どもがいます。どのように対応したらよいのでしょうか。

A お守りになる物を用意してもらいましょう

　不安が強い子どもには、お守りになる物を持たせましょう。保護者にお守りを用意してもらって、子どもに渡してもらいます。

　お守りを渡すときに、「悲しくなったらお守りをぎゅっとにぎってね。そうしたらママは別のところにいてもわかるから。○○ちゃん、がんばってって応援するからね」と、子どもに約束してもらいます。

　お守りとして持たせるのは、活動に支障のない物がよいでしょう。

　お母さんに作ってもらったお守り袋や、手触りのよいタオル、お気に入りのマスコットのキーホルダーでもよいです。

お母さんの写真を入れておくと安心できる。

偏食が激しい

パターン 1

感覚が過敏

感覚が過敏なため偏食になっている。

強制せずに食べることを促そう

ひと口だけ
食べてみようか？

ちょっとでも食べてみるように促す。

発達障害のある子どもたちは、感覚が非常に敏感です。感覚には視覚、聴覚、触覚、嗅覚、味覚の５つがありますが、これらの感覚が敏感なために偏食になっていることがあります。どの感覚が敏感なのかは子どもによって大きく異なります。

例えば、口の中が痛くなるからアイスクリームを食べられない子どももいれば、せんべいをかむときに出る音が嫌いだからせんべいを食べない子どももいます。

ただ、食わず嫌いということもあるので、初めて出された物はまずひと口食べてみるように促します。口に入れた物を吐き出したり、どうしても口をあけようとしなかったり、嫌がる様子が見られる場合には、無理に食べさせようとしないで、いつか食べられるようになると思って長い目で見ることが必要です。

もう少し
大きく
なったら….
食べない！

パターン 2

見た目が苦手、味が混ざるのが不快

混ざって 気持ち悪い〜!

いろいろな味が混ざるのが嫌で、食べられない。

目先を変えて食べてみるように促す

カレー
ごはん
別々に
盛りつける

ごはんとおかずを別々の器に入れ、味が混ざらないようにしよう。

見た目が嫌で食べない、味が混ざることが嫌で食べないなど、子どもによって何が嫌なのか、食べない原因は異なります。

盛り付け方を変える、食品を単品で食べるようにする、反対に混ぜて食べてみるなど、子どもの様子を見て原因を探りながら、いろいろな食べ方を試してみてください。

また、カレーに混ぜると嫌いな野菜も食べられる、白いごはんは食べないけれどふりかけをかけると食べられるなど、家庭でもさまざまな工夫が効果を上げています。

家庭ではどのようにして食べているのかについて保護者から情報を得ることも大切です。

家では・・・・
ふりかけ

偏食が激しい

パターン 3

食べることが嫌になっている

食べること自体が嫌。

食事の時間を楽しい雰囲気にしよう

楽しい雰囲気だと食べられることも。

「バランスのとれた食事をしてほしい」という思いから、保護者や保育者が無理に食べさせようとすることがあります。無理に食べさせたために、食事自体が嫌になっている子どももがいます。

発達障害のある子の偏食は、単なる好き嫌いの問題ではないことを保育者が理解して、無理強いをしないようにします。

また、発達障害のある子どもは、雰囲気や環境を変えることで食べられる場合があります。家では食べない物を、園で他の子どもが食べているのにつられて食べたり、行事のときに外で食べたことをきっかけに、食べられる物が増えたりすることがよくあります。

食事をすることは楽しいことであると伝わるように、楽しい雰囲気をつくることも、保育者の重要な役割です。

Q 嫌いな物を口から吐き出したり、床に落としたりする子どもには？

食事のときに、嫌いな物を口から吐き出したり、床に落としたりしてしまう子どもがいます。どのように対応すればよいでしょうか。

A 残すルールを知らせましょう

このことで、「嫌い」「食べたくない」という意思表示をしているのですが、これは間違った方法です。

このような場合には、残し方を教えるようにします。残したい物を入れる皿やトレーを決めて、残したい物はそこに入れるというルールをつくります。

減らしてくださいという絵カードを作り、苦手な物が出たらそのカードを見せて減らしてもらう方法もあります。

Q 偏食は大人になっても続くの？

今は３種類程度の食品しか食べられません。大人になっても偏食はずっと続くのでしょうか。

A 大人になったら食べられる物が増えるケースが多い

味覚の過敏は大人になっても残るので、偏食がまったくなくなることはありません。しかし、大人になったら食べられる物が増えたというケースは多くあります。食べてみたらおいしかった、食べ物の食感に慣れてきたというように、経験を重ねることによって感覚も変化します。

食事に関しては長い目で見て、大人になったら食べられればよいというくらい、大きく構えておく方がよいでしょう。

食事の途中で立ち歩いてしまう

パターン 1

食事以外のことに注意が向いてしまう

周囲のことが気になって、食事に集中できない。

原因となる刺激を少なくしよう

気になっている周囲の環境が見えないようにする。

廊下に出ている隣のクラスの子どもが気になったり、窓の外の園庭や教室の中にあるおもちゃが気になったりして、食事以外に注意が向いてしまうことがあります。

この場合には、食事に集中できる環境を整える必要があります。

具体的には、おもちゃなど、食事のときに必要のない物は無地の布で覆い隠す、廊下や窓に背を向ける位置に座らせるといった工夫が有効です。

食事をするときの席を、落ち着いてのんびり食事をする子どもの隣にすることもいいですね。

パターン 2

食べることに対する意欲がない

食べたいという気持ちがなくて、食べようとしない。

楽しいこととセットにしよう

食後に楽しみが待っていることを知らせる。

発達障害のある子どものなかには、もともと食事に対する意欲がない子どもがいます。好きな物だけは口にするけれど、それを食べてしまったら食べることに興味をもてません。

食事を片づけたら決まったスペースで遊んでよい、ごはんをあと３口食べたら好きなデザートを食べてよい、食事のあとに好きな遊びができるなどのルールをつくって、食事と楽しいことをセットにします。食事をすると楽しいことがあることを伝えるようにしてみましょう。

食事の途中で立ち歩いてしまう

パターン3

おしまいがわからず集中力が途切れる

ぽー……

食べ終わる時間がわからず、食べることに集中できない。

終わりの時間を示し見通しをもたせよう

長い針が
10のところに行ったら
ごちそうさまだよ

時計を見せて、終わりの時間を示す。

発達障害のある子どもたちは、「終わり」の見えない活動が苦手です。そのため、いつになったらおしまいなのかの見通しを示すと、行動しやすくなります。

食事の進み具合を見て、「〇分になったらごちそうさまの時間だよ」と声をかけ、「終わり」の時間を示します。

また、食事が終わったら好きな遊びをしてもよいというルールをつくっておき、ごはんを食べたら遊べることを絵カードで示す方法もあります。

きゅうしょく
えほん

Q 周りの子の分まで食べる子どもにはどう対応したらいいの？

自分の分だけではなく、周りの友達の分まで食べてしまう子どもがいます。どう対応したらよいでしょうか。

A 自分の分がはっきりわかるように伝えましょう

園での給食は、どの子どもの分も同じお皿に同じように盛りつけてあります。同じ物が並んでいると、発達障害のある子どもにとっては、自分の食べる分と、隣に置いてある友達の分を区別することが難しい場合があります。そのため、周りの友達や保育者の分まで食べてしまうのです。

このような場合には、自分の食べる分がはっきりわかるように、ランチョンマットやトレーを使って、そこに載っている物が自分の分であることを教えましょう。

トレーの中にあるのが
〇〇ちゃんの給食です

言葉編

保育者の話を聞けない

パターン 1

言葉による指示を理解できない

話しかけられても、相手が何を言っているのかがわからない。

目で見てわかる絵カードを使おう

目で見てはっきりわかるよう、絵カードを見せながら、話しかけよう。

言葉には、相手が言ったことを聞いてわかる「理解言語」と、自分の考えていることを言葉にして表現する「表出言語」があります。

保育者の話を聞けない子どものなかには、理解言語の発達が遅れているケースがあります。まずは、どの程度の理解言語があるのかを、保育者が把握してください。そのうえで、子どもが理解しにくい言葉には、絵カードや実物などの目で見てわかるような手がかりを用いてください。

友達の行動を見てまねをしながら行動する子どもは、話を聞いて理解することは苦手でも、視覚的な情報を理解できています。そのような子どもには、特に目で見てわかる手がかりを多く使うとよいでしょう。

パターン 2

話しかけられていることがわからない

自分に向けて話をされていることがわからない。

名前を呼び、注目させてから指示を出そう

子どもの名前を呼び、保育者に注目させてから指示を出そう。

発達障害のある子どものなかには、周囲から聞こえる音を選択的に聞き分けることが苦手なため、後ろや横から声をかけられても、自分に話しかけていることがわからない子どもがいます。また、保育者が一斉に指示をする場合に、自分以外の人に話をしていると考えてしまったり、集中して聞けないために、指示に従えなかったりする子どももいます。

このようなタイプの子どもと話をするときには、子どもの正面から声をかけ、保育者に注目させたあとに指示を出してください。一斉に指示を出す場合にも、みんなに話しかける前に、その子どもの名前を呼び、保育者に注目をさせてから説明をします。子どもがおもちゃで遊んだり、絵本を見たりしているときには、子どもの名前を呼び、手を休めて保育者を見るように促してから指示をしてください。

保育者の話を聞けない

パターン 3

一度に複数の情報を覚えられない

かばんをロッカーにしまってから、帽子をかぶって運動場に行って、それから…

複数の指示をすると、行動に移すことができない。

指示は１つずつ、短い文章で伝えよう

かばんをロッカーにしまいます
帽子をかぶります
はい

短い言葉で１つずつ指示をすればOK。

一度にいくつかの指示を出されると、その全てを覚えておくことができない子どもがいます。最初に言われたことは覚えて行動できますが、それが終わったあとに何をしたらよいのか、わからなくなってしまうのです。

このタイプの子どもには、１つできたら次の指示をするようにして、一度に複数のことを言わないようにしてください。また、１つずつの指示を、できるだけ短いフレーズで言ってください。

帽子をかぶります
靴を履き替えます
運動場に行きます

これによって、今何をすればよいのかがはっきりして、行動しやすくなります。

補足　絵カードの作り方

絵カードとは、コミュニケーションを補助するために用いるイラストや写真のことです。絵カードは、主に

①保育者が子どもに指示を出すとき

②子どもに手順や予定を示すとき

③子どもが保育者に要求をするとき

に使用します。絵カードは、無言で子どもに見せるのではなく、簡単な言葉かけとともに提示してください。

絵カードには、シンプルな絵、シンボルサイン、写真を用います。

絵カードの一例

たちます
すわります

なお、1つの絵カードには1つの意味しかもたせないようにしてください。運動場の写真が使われている絵カードを子どもに見せ、「外に行くこと」「体操をすること」「帰ること」などのいくつもの意味をもたせてしまうと、子どもはその絵カードを見ても、何をすればよいのかがわかりません。

また、写真を用いる場合には、できるだけターゲットにしている物以外が写りこまないようにしてください。運動場の写真を撮ったときに、後ろにスクールバスが写っていたら、スクールバスに注目してしまう子どもが出てきてしまいます。

さらに、園でも家庭でも同じ絵カードを使用し、現在使っている絵カードが破れたり使えなくなってしまった場合にも、再び同じイラストや写真による絵カードを用いるようにしてください。絵カードを作り変える場合に、イラストや写真が変わってしまうと、子どもは以前と同じことを指示されていることがわからず、混乱してしまいます。

そのようなことがないように、最初に予備をいくつか用意しておきます。また、耐久性をよくするために、ラミネート加工などを施しておくのがよいでしょう。

運動場に行きます
バス！

運動場に行きます

自分勝手に話し始める

パターン 1

相手の思いをくみ取れない

ぼくの好きな電車は
新幹線、すごく速くて
かっこいい…それで…

相手が迷惑そうにしていても、自分の話を一方的にしゃべってしまう。

関わり方、話し方のモデルを示そう

いっしょに遊ぼうよ
○○くんも
言います

「いっしょに遊ぼう！」と話しかけることを、モデルになって示そう。

相手が嫌がっていても、自分の興味のある話を一方的にしてしまう子どもがいます。相手の気持ちや表情を読み取ることが苦手であるため、「相手が嫌がっている」という自覚がなく、自分勝手と思われるような発言をしてしまうのです。

このような子どもは、相手と遊びたい、話をしたいと思っていますが、どのように関わればよいのか、どのように話をすればよいのかがわかっていません。

保育者は、どう相手に声をかければよいのか、話をすればよいのかがわかるように、モデルを示しましょう。保育者の姿を見て、そのまねをしながら相手と関わる方法を具体的に学ぶことができます。

○○ちゃんが好きなのはクマさん？
…
うん

パターン 2

今何をするときか理解できない

静かに話を聞くことができず、勝手に話し始めてしまう。

絵カードを使用してサインを出そう

絵カードを使って、今は静かに話を聞くときであることを伝えよう。

「今は何をするときであるのか」という状況を適切に判断することができないために、自分勝手に話し始めてしまう子どもがいます。つまり、「今、自分は話すべきではない」ということがわからず、頭のなかに浮かんだことが言葉として出てきてしまうのです。

静かにしなくてはならないときに子どもが話し始めてしまったら、絵カードなどを使用して、「静かにする」ことに子どもが気づけるようにサインを出します。また、「今は先生がお話しするときです」などと、今は何の時間であるのかを伝えていきます。

サインに気づいて話し出さなかった場合には、「上手にお話を聞けたね」などと、おおいにほめてください。

自分勝手に話し始める

パターン 3

話したい衝動を抑えられない

話したいという衝動が抑えられず、一方的に話し出してしまう。

事前にルールを伝え、ほめることも忘れずに

話を始める前に、「話を聞くルール」を示しておこう。

ADHD のある子どものなかには、話したいという衝動を抑えられず、つい話し始めてしまう子どもがいます。

まずは、クラスで活動するときの「話を聞くルール」を決め、クラス全員で確認をしておきます。そのルールは、紙に書いて見える位置に貼っておくとよいでしょう。そのうえで、保育者が話し始める前に、静かに聞くように伝えます。

その子どもが保育者の話を聞くことができていれば、ほめてください。また、その子どもが話し出そうとするときに、タイミングよく「○○くん、上手にお話を聞けているね」などとほめることが有効です。保育者にほめられたいという気持ちから、徐々にしゃべりたい衝動をコントロールすることができるようになります。

同じ質問を何度もしてくる子には？

自閉症の子どもが一方的に何度も同じ質問をしてきます。どのように対応したらよいでしょうか。

気持ちを落ち着かせるようにしましょう

不安や緊張が高まったときに、気持ちを落ち着かせようとして出ることが多くあります。いつもと違う活動が行われた、保育者が普段と異なる服装をしていたなどの変化がある場合に起きやすいようです。

このような行動を叱ってはいけません。強く叱ることで、より不安や緊張が高まってしまい、パニックを引き起こすことにもなります。また、同じ質問にいつまでも答え続けるのもよくありません。不安や緊張の原因は何かを見つけ出し、それを取り除くためにはどうしたらよいかを考えましょう。

しゃべり続ける子どもの話は聞いておいた方がいいの？

おしゃべりをやめられない子どもの話は、最後まで聞いておいた方がよいのでしょうか。

時間を区切って聞いてあげるようにしましょう

クラスで活動しているときや話してはいけないときには、「おしゃべりをしない」というルールを徹底してください。ただし、自由遊びの時間や活動と活動の合間などに、子どもの話を聞いてあげることも必要です。それによって、子どもは話したいという気持ちを満たすことができます。

なお、保育者が話を聞くときには、「時計の長い針が6になるまで聞くね」などと、先に時間を区切っておいてください。そうすれば、約束の時間になったら話を切り上げるというルールを学んでいくことができます。

うそをついてしまう

パターン 1

頭に浮かんだことを事実と思ってしまう

物置におばけがいる

想像したことが事実であると思い込んでしまう。

子どもの思いや願望を受け止めよう

物置が怖かったのね
先生にはおばけは見えなかったけれど

子どもの思いを受け止め、事実との違いをやんわりと指摘するだけにしよう。

　年齢の小さい子どもやアスペルガー障害のある子どもによく見られますが、空想の世界と現実の区別があまりついておらず、頭のなかに浮かんだことが事実であると思ってしまうことがあります。

　例えば、物置に行くのを嫌がる子どもが「物置におばけがいた」などと言うことがあります。その子どもにとっては、おばけが頭のなかに浮かび、あたかも物置にいたかのように思ってしまうのです。

　そのような子どものうそに対して、保育者は頭ごなしに叱ってはいけません。まずは、うその裏に秘められている子どもの思いや願望を素直に受け止めてください。そのうえで、事実との違いを指摘するぐらいにとどめるとよいでしょう。

ほっ

パターン 2

責められることを恐れ自分を守ろうとする

だって、○○くんがぼくに意地悪をしたから…
?

責められることを恐れ、その場しのぎのうそを言ってしまう。

子どもの言い分をていねいに聞こう

本当はね…
ふむ
ふむ

子どもが言っていることをていねいに聞くようにしよう。

叱られたくない、失敗したくない、認めてほしいという思いから、つくうそがあります。大人から責められることを恐れ、自分を守るために、その場しのぎの言い逃れや言い訳をしてしまうのです。

このような子どものうそを頭ごなしに叱ると、言い訳のために、さらにうそを重ねることになります。叱る前に、子どもの言い分をていねいに聞くことが大切です。そのうえで、背後にある子どもの気持ちをくみ取って、「○○したかったんだよね」などと言葉にして、子どもの気持ちを代弁してください。

○○したかったんだよね
うん……

うそをついてしまう

パターン3

気持ちをひくためにわざと言う

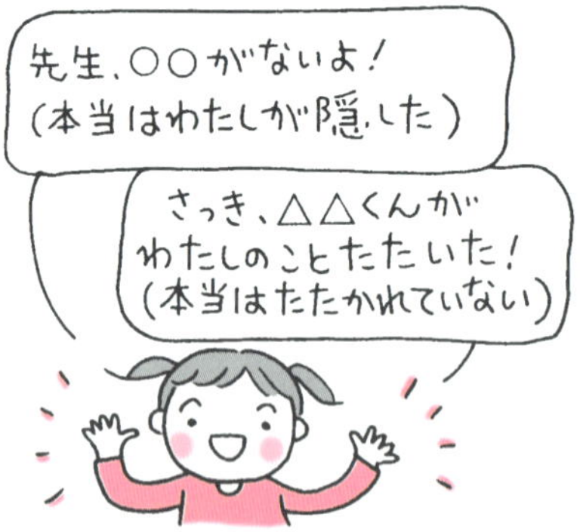

先生、○○がないよ！
（本当はわたしが隠した）
さっき、△△くんが
わたしのことたたいた！
（本当はたたかれていない）

自分に関心をもってほしいので、わざとうそをつく。

→

うそには反応しないようにしよう

反応を示さず、相手にしないのが有効。

自分に関心を向けてほしいときに、保育者を驚かせたり、世話をやいてもらったりするために、わざとうそを言う子どもがいます。このように大人の気持ちをひくためにわざと行動をすることを「お試し行動」と言います。

わざとついている子どものうそを、相手にしてはいけません。叱ったり、それにつき合ったりしていると、「うそをついている間は、先生は自分の方を向いてくれる」と感じて、うそをつき続けることになります。

うそをついても自分に得になることがないと、子どもが感じられるようにふるまってください。

補足 「お試し行動」とは？

前のページでも説明しましたが、相手が自分に関心を向けるように、わざと相手を驚かせたり世話を焼かせたりすることを「お試し行動」と言います。

この行動は、相手がどこまで自分のことを考えてくれるか、本気で関わってくれるのかを探るためにするものです。その背後には、自分のことを見てほしい、認めてほしいという気持ちが隠れています。

子どもの場合、自分の身近な人である保護者や保育者にお試し行動をすることが多くあります。例えば、自分でトイレにティッシュペーパーを詰めておきながら、素知らぬ顔で「先生、トイレの水が流れないよ」と保育者に報告し、保育者が慌てている様子を笑って見ていたりします。

まずは、子どもがお試し行動をしなくてもすむように、日頃から子どもにうなずき、認めてあげること、「あなたのことが大好きよ」というメッセージを伝えていくことが必要です。

また、保育者に話を聞いてほしいときには、どのように声をかければよいのかについて保育者がモデルを示し、子どもに伝えていかなければなりません。

それでも、お試し行動が現れてしまった場合には、お試し行動に対して、いっさい反応をしないようにすることです。お試し行動をしている子どもに注意する、困った顔をするなどの反応をすると、子どもは相手が自分をかまってくれていると捉えます。その行動がよくないことであると子ども自身でわかっていても、相手が応えてくれることから、その行動をやめることができません。むしろ、相手から何も反応がなければ、その行動を起こしても何も得られないことを学習し、自分からやらなくなっていきます。

遊びを決められない

パターン 1

やりたい遊びがわからない

やりたい遊びを決められず、ふらふらしてしまう。

複数の遊びを提示し選択させよう

今やってよい遊びをいくつか提示すると、子ども自身が選びやすくなる。

自由に遊んでよいと言われても、何をして遊んでよいかがわからない子どもがいます。いくつかある遊びのなかから１つを選ぶ途中で、興味や関心が他の物に移ってしまい、自分が何をやりたかったのかがわからなくなってしまい、その結果、遊びを決められずにふらふらしてしまう状況になります。

このような場合は、保育者が今やってよい遊びをいくつか提示し、そこから子どもが選ぶようにします。例えば、外遊びで遊具を使って遊ぶ場合には、園庭にある遊具の絵カードを作り、子どもに見せて、どの遊具で遊ぶかを尋ねます。２種類あるいは３種類のカードから選ぶことから始めると、子ども自身で選びやすくなります。

パターン 2

遊び方がわからない

遊び方がわからず、ボーとしてしまう。

遊びに誘い遊び方を伝えよう

保育者が遊びに誘って、遊び方を具体的に伝えよう。

発達障害のある子どものなかには、自分が経験したことのない活動に新たに挑戦することに、強く不安を感じる子どもがいます。そのような子どもは、遊びに関しても、周りを見ながら自分もまねして遊びに参加してみようとは、なかなか考えられません。周りの子どもたちは見よう見まねで楽しそうに遊んでいても、その横で、このタイプの子どもはボーと見ているのです。

このような子どもには、保育者が遊びに誘い、その遊び方を具体的に伝えます。保育者がいっしょにやってみたり、ルールを絵で示して伝えたりすることによって、遊び方を知ることができます。方法がわかれば、安心してその遊びに参加できるようになります。

遊びを決められない

パターン3

経験が少ないので遊び方がわからない

遊んだ経験が少ないので遊び方がわからず、仲間に入っていけない。

遊びに誘い楽しさを伝えよう

保育者がいっしょに遊ぶことで、遊びの楽しさが伝わる。

これまでに限られた遊びしかしていなかったり、そもそも遊ぶ経験が少なかったりしたために、それぞれの遊びにどのような楽しさがあるのかを想像できない子どももがいます。

そのような子どもに対しては、まずは保育者が遊びに誘い、いっしょにやってみるなどして、どのように遊ぶか、またどうしたら楽しめるのかを伝えます。遊び方がわかり、「楽しい」と感じる経験が増えれば、子どもは少しずつ遊びの幅を広げていきます。それによって、「あれをしたい」「これをやってみたい」という意欲が芽生え、遊びを決められるようになっていきます。

補足　保育者に見逃されがちなボーとしている子ども

他の子どもに比べて、大きな発達の遅れがあるわけでもなく、言葉も理解でき、話せるのですが、自由な活動になるとボーとしている子どもがいます。このことは注意が散漫になっていることから生じます。

動きが激しく、衝動的で集中力のない子どもは、注意が散漫な様子がすぐにわかりますが、静かで目立たない子どもは、保育者も気づかないことがあります。

静かで目立たない子どもでも、注意が散漫になっているために生活しにくさを抱えていることを、保育者は気にかけてください。

Q　約束を守るためにはどう教えたらいい？

Aちゃんはニコニコしておとなしい性格ですが、友達と遊ぶ約束をしても、他の遊びが気になって約束を守れないことがあります。約束を守るためにどのように教えたらよいでしょうか。

A　約束を思い出せる手がかりをもたせましょう

約束をしていた友達と遊び始める前に、他のことに興味が移ってしまい、約束自体を忘れてしまったのでしょう。Aちゃんには悪気はありません。約束をした友達と遊びたいという気持ちはありますが、いろいろな物に興味が移りやすい性質があるため、新しい物が目に入ると、それ以前にしようと思っていたことを忘れてしまうのです。

そこで、友達と遊ぶ約束をしたら、約束したことを思い出すことができるような、目で見てわかる手がかりを自分でもつように教えましょう。

例えば、保育者が「約束」の絵カードを作って目の届く所に貼っておき、自由遊びのときに絵カードを見せて、約束していないかを確認する方法があります。

自分の好きな物をひとり占めする

パターン 1

好きな物がないと不安になる

自分のお気に入りの物を持っていないと、不安になる。

支障のない範囲で認めよう

無理やり取り上げることはせずに認め、見守って。

発達障害のある子どもは、変化に弱いという特徴があります。園での生活は、毎日たくさんの変化があるため、何かに頼っていないと気持ちを安定させることができないのです。つまり、その子どもにとっては、好きな絵本やおもちゃは「お守り」なのです。それを持っているからこそ、変化のある日常の生活を送ることができるのです。

このような子どもに対しては、保育に支障がなければ、好きなおもちゃや絵本を持っていることを認めてあげてください。無理やり取り上げると、落ち着かなくなってしまいます。

ただし、それを持っていると保育に支障が出てくる場合には、その子どもから見える場所に置いておいたり、保育者のロッカーに入れておいて、子どもが不安になったときに開けて手にすることができるようにしたりするなどの方法をとります。

パターン 2

待てば自分の番になる見通しをもてない

少し待てば自分の番になるという見通しをもてず、不安になる。

待っていれば順番がくることを教えよう

待てば順番で使うことができることを知らせよう。

いつ自分の順番がくるのかという見通しをもてずに不安になり、読みたい絵本や遊びたいおもちゃをひとり占めしてしまう子どもがいます。このような子どもに対しては、待っていれば順番がきて使うことができるようになることを教えましょう。

また、クラスのなかで「10回したら交代する」「読み終わったら次の人に渡す」などの交代のタイミングのルールと、「貸してほしい」と言ってきた子がいる場合には順番に使うというルールを、事前に決めておいてください。交代のタイミングのルールが決まっていれば、いつ順番が回ってくるのかの見通しがもちやすくなります。

言葉だけでは伝わりにくい場合には、順番をホワイトボードや紙などに書いて見せるとわかりやすくなります。

自分の好きな物をひとり占めする

パターン 3

みんなの物である ことがわからない

園の物、みんなの物ということがわからず、自分の物であると思い込む。

みんなで使う物で あることを教えよう

クラスみんなの物ということを、個別に声をかけて教えよう。

クラスにある絵本やおもちゃは、みんなで使わなければならないという意識がなく、「園に置いてある物は自分の物である」と考えてしまう子どもがいます。

まずは、クラス全体に、「絵本やおもちゃは園の物である」ことを伝え、「みんなで使う」ことを約束します。そのうえで、このような子どもには、個別に「みんなで使います」と声をかけるようにしましょう。

声をかけるだけではよくわからない子どもには、園やクラスの名前を書いたシールを貼っておくとよいでしょう。

いつも同じことをしている子どもには、違う遊びに誘った方がいいの？

自由遊びのときに、いつも同じ昆虫図鑑ばかり見ている子どもがいます。違う遊びをするように誘った方がいいのでしょうか。

関連することから少しずつ遊びを広げましょう

いつも同じ図鑑を見ている理由は、それによって安心できることが第一にあげられますが、他の遊びになかなか関心を向けられないことも考えられます。

無理に図鑑を取り上げるのではなく、図鑑に出てくる昆虫に関するクイズ遊びをしたり、昆虫の絵をいっしょに描いたりと、関連することから少しずつ遊びを広げていくようにしてみてください。

自分がお気に入りの絵本を読む友達を見てパニックになった子どもには？

発達障害のある子どもがいつも手に持っている絵本を、他の子どもが読んでいたため、パニックになってしまいました。絵本を返してもらった方がよいのでしょうか。

気持ちが落ち着くまで待ちましょう

パニックになってしまったときには、保育室の中の比較的静かな場所に連れて行ったり、壁の方を向かせたりして、気持ちが落ち着くまで待ちましょう。

落ち着いてきたら「よく我慢できたね」とほめて、別の絵本を読むように提案したり、違う遊びに誘ったりして、気をそらしてください。パニックを起こした子どもの要求をかなえると、「泣けば要求が通る」と学習してしまうことになります。

順番を守れない

パターン 1

順番に並ぶルールを理解していない

順番に並ぶルールそのものを理解していない。

目で見てわかる方法でルールを説明しよう

絵を使って説明すれば、ルールもわかりやすい。

保育者に何度注意されても、順番を守れない子どもがいます。そもそも、この子どもは順番に並ぶというルールを理解していないことが考えられます。

まずは、順番に並ぶとはどういうことかを、絵などを用いて目で見てわかるように説明してください。例えば、1列に並ぶ子どもたちを描いて、一番後ろの子どもに目立つように赤い印をつけます。赤い印を指しながら、「列の一番後ろはここです。ここに並びます」と伝えます。絵を用いて説明をしたら、実際に子どもといっしょに、どのように並ぶかをやってみてください。

なお、悪意があって順番を抜かしているのではないため、叱ったり責めたりせず、根気よく教えてください。

パターン 2

順番がいつくるのかがわからない

いつ順番がくるのかがわからないので、平気で列に割り込んでしまう。

順番がわかるよう印をつけよう

並ぶ場所に印をつけると、自分の順番がくるのがよくわかる。

順番がいつくるかの見通しをもてないために、列に割り込んでしまう子どもがいます。このような子どもには、列に並んで待てば自分の番がくることを教えていく必要があります。

まず、並ぶ列に沿って地面に○印を描きます。そして、１つの○に１人の子どもが入ります。前の人が終わったら、１つ前の○に移動します。このようにして、並んでいれば自分の番がくる見通しをもてるようにしましょう。

ただし、最初から長い列の後ろに並んで待たせるように練習しても、なかなか自分の番がこないため、途中で待つことが嫌になってしまう可能性があります。初めのうちは、２番目、３番目など少し待てば順番がくる位置から始めましょう。

順番を守れない

パターン 3

待っている人に気がつかない

やりたい衝動が強すぎて、待っている人がいることに気がつかない。

列の最後に並ぶようそのつど伝えよう

絵カードを見せながら、そのつど伝えていこう。

衝動性の高い子どものなかには、自分が気になった物ややりたいことが目に入ると、それを使っている人や待っている人がいても、気がつかずに、横取りしたり、横入りしたりすることがあります。そのような子どもには、事前に順番を守ることを伝えておくことが大切です。

それにもかかわらず、順番を抜かしてしまった場合には、そのつど「順番に使うこと」「列の最後に並ぶこと」を伝え、順番を待つことを教えましょう。言葉では伝わりにくい子どもには、「並ぶ」ことを書いた絵カードを見せて伝えていくことも有効です。

このような子どもは、列の後ろに回されたり、長く待たされたりすると、「自分はいつできるのだろう」と心配になって、かんしゃくを起こすことがあります。その場合にも、保育者がいっしょに待って、自分の順番がくることを楽しみに待つように促してください。

補足　あいまいな表現で並ばせようとしても効果はない

子どもを順番に並ばせるときに、「ちゃんと並びましょう」「きちんと並びましょう」というあいまいな表現で並ばせようとする保育者が多くいます。しかし、「ちゃんと」「きちんと」というようなあいまいな表現では、子どもはどのように並べばよいのかがわかりません。

子どもに指示を出すときは、具体的に「○○ちゃんの後ろに並びます」のように、自分はどのようにすればよいのかがわかるような表現にします。

また、特定の子どもの後ろに並ぶことをあらかじめ決めておく方法もあります。「並ぶときは、○○ちゃんの後ろに並ぶ」と決めておくのです。そうすると、その子どもは、誰の後ろにいけばよいのかがわかりやすくなります。

高い所に登ってしまう

パターン 1

危険に対して鈍感である

危険に対して鈍感なので、危険であるということがわからない。

絵カードなどを用いて危険であると教えよう

絵カードなどを使って、危険であることを伝える。

自閉症や ADHD のある子どものなかには、どのようなことが危険なのか、なぜ高い所に登ることがいけないのかを理解していない場合があります。つまり、高い所から落ちるとけがをするかもしれないと想像することが苦手なのです。

まずは、登ってはいけない場所に、「×」または「のぼりません」などと書いたカードを貼っておき、登ってはいけないことを見てわかるようにしてください。

また、登ってはいけない場所1つずつについて、具体的に繰り返し「登ってはいけない」ことを伝えてください。

パターン 2

高い所が好き

高い所にいる感覚が好きなので、つい登ってしまう。

他の楽しい遊びに導いていこう

気持ちを落ち着かせることができる他の遊びに誘いかけよう。

自閉症の子どものなかには、高い所にいる感覚を好むために、保育者が目を離したすきに、木や塀などの高い所に登ってしまう子どもがいます。これは自閉症特有のこだわりから生じる自己刺激行動（71ページ）の１つです。

まずは子どもが高い所に登れないように、足場になる物を取り除きます。

また、ただ単に高い所に登ることを止めても、本人は気持ちを落ち着かせる場がなく、混乱してしまいます。身体を動かす遊びやくすぐり遊びなど、その子どもが「楽しい」「心地よい」と感じられるような他の遊びに導いていくことが必要です。

高い所に登ってしまう

パターン3

大人の気をひくためわざと登る

わざと登って、大人の反応を見て楽しんでいる。

おおげさな対応をしないようにしよう

おおげさな対応をしないように心がけて。

お試し行動（55ページ）の１つとして、保育者の気持ちをひくためにわざと高い所に登る子どもがいます。そのような子どもに対して、大きな声で「降りてきなさい」「危ないでしょ」などと叫んだり、数人の保育者で取り囲んだりしてしまうと、本人は保育者の反応を楽しんでしまい、その行為をやめません。保育者はできるだけ冷静にふるまい、おおげさに対応しないようにしましょう。

普段の生活のなかで、子どもが保育者に見てもらっている、ほめられていると感じていれば、わざと高い所に登る必要はなくなります。普段から、その子どものできたことをほめて、認めるようにしてください。

補足 「自己刺激行動」とは

自閉症の子どものなかには、手をひらひらさせる、ぐるぐる回り続ける、光の反射を見続けるなど、ある一定の行動を続ける子どもがいます。このような行動を、「自己刺激行動（常同行動）」と言います。ある行動から受ける刺激が心地よいために、その刺激を受け続けようとして、繰り返すのです。

自己刺激行動は、不安や緊張が高まったとき、何をしたらよいのかがわからないときによく起こります。言いかえれば、自己刺激行動をすることによって、気持ちを落ち着かせようとしているのです。

Q 自己刺激行動をしているときは、やめさせた方がいいの？

手持ちぶさたになると、ひとりでぐるぐる回り続けている子どもがいます。このような行動はやめさせた方がいいのですか？

A 許容できる範囲で認めましょう

自己刺激行動は、はたからは奇妙に見えるため、保育者はやめさせようとすることが多いです。

しかし、この行動をすることによって、子どもは精神的に安定しようとしているので、無理にやめさせようとしてはいけません。許容できる範囲であれば、黙認してください。

そうでない場合には、他の心地よい遊びに移行するようにします。

周りの子どもをたたいてしまう

パターン 1

言葉で気持ちを伝えられない

自分が使いたい物を友達が使っていたので、たたいて奪ってしまう。

言葉や行動で伝える方法を教えよう

言葉での気持ちの伝え方を教えよう。

言葉の発達が未熟で、自分の気持ちを言葉で表現できない場合に、周りの子どもをたたいてしまうことがあります。自分が遊んでいるおもちゃを他の子どもに触られたり、自分が使いたい物を他の子どもが使っていたりするときに、言葉が出てこなくて、とっさに手が出てしまうのです。

このような子どもには、自分が使いたいおもちゃを貸してほしいときには「貸して」、嫌なことをされたときには「やめて」、仲間に入れてほしいときには「入れて」と言うなど、状況に応じて、どのように表現すればよいのかを具体的に教えます。

言葉で伝えることが難しい子どもには、貸してほしいときのサインを練習して、言葉以外で適切な表現ができるように促します。

パターン 2

衝動的な気持ちを抑えられない

べし!

衝動的な怒りの気持ちを抑えられず、たたいてしまう。

我慢できるようにほめてみる

たたかなかったね
えらかったね!

ほめて、我慢することを覚えさせよう。

ADHD のある子どものなかには、思いどおりにならないと、頭で考える前に衝動的に手を出してしまう子どもがいます。特に、興奮して落ち着きがない状態で、そのようになりやすいです。

このような子どもには、嫌なことがあっても友達に手を出さないように事前に約束し、我慢させるようにします。そして、少しでも我慢できたら、「よく我慢できたね」とほめます。

我慢する→ほめられる→うれしい、という流れを体験させていきます。

はい!
お約束ね!

周りの子どもをたたいてしまう

パターン 3

関わり方がわからない

気持ちを言葉にできず、たたくことで気を向かせようとする。

保育者がモデルを示そう

保育者が「遊ぼうよ」と話しかけることで、関わり方のモデルを示そう。

周りの子どもといっしょに遊びたいのに、どのようにすればよいのかがわからず、相手が嫌がる方法をとってしまう子どもがいます。

その場合には、どのように相手に話せばよいのかを保育者がモデルを示して、その子どもと練習します。そのあと、自分から相手に働きかけられるように促してください。

また、その子どもが得意な遊びを介して、周りの子どもを遊びに誘うことも有効です。それによって、その子どもが安心して遊べる雰囲気をつくることができます。

補足 カッとなったときの気持ちの静め方

衝動的に怒りが込み上げてくる子どもには、子どもといっしょに気持ちの静め方を考えておくことが必要です。

友達をたたきたくなったら、好きなぬいぐるみを抱きしめる、保育者に言いに行く、身体を動かすなどの方法をとる子どもがいます。そこで気持ちを静めることによって、自分の気持ちをコントロールすることができるようになるのです。

Q 保護者が手をあげていると、子どもも暴力をふるうようになる？

保護者が子どもに手をあげて叱っていると、その子どもも暴力をふるうようになりますか？

A 手をあげずに接するよう家庭に働きかけましょう

保護者が暴力で物事を解決していて、子どもがそれを頻繁に見ている場合、子どもも暴力をふるうようになることがあります。

そのような家庭では、保育者は保護者の気持ちを受け止めながら、手をあげずに子どもに接していけるように促してください。父親がDV（家庭内暴力）をしているなどの状況であれば、地域の保健師と連携をとり、家庭への働きかけをしなければなりません。

子どもが園にいる間は、保育者が子どもの気持ちを代弁し、言葉で表現できるように促していきます。また、嫌なことがあったときには友達をたたくのではなく、他の許される行動（例えば運動場を走る、粘土をこねたりちぎったりする、ぬいぐるみに思いをぶつけるなど）に変えていき、上手にイライラを解消できるようにしてあげることが大切です。

他の子どもが怒っているのを理解できない

パターン 1

相手の気持ちや表情を読めない

相手の気持ちや表情が読めないので、とまどってしまう。

どのような気持ちなのかを伝えよう

それぞれの場面で、どのような気持ちなのかを伝えよう。

相手がどのような気持ちであるのか、どんな表情をしているのかを読み取ることが苦手な子どもがいます。保育者に叱られているにもかかわらず、「先生、ここにホクロがあるよ」などと発言してしまうこともあります。

このような子どもには、今、相手がどのような気持ちなのかを、それぞれの場面で伝えていくことが必要です。また、表情を描いたイラストや写真を用いながら、それぞれの表情はどのような気持ちのときなのかを教えていきます。

さらに、さまざまな場面をつくって、保育者がいろいろな表情をして子どもに見せて、どのようなときにどんな表情になるのかを、具体的に関連づけていくことが必要です。

パターン 2

よい言葉と悪い言葉の区別がつかない

言ってよい言葉と悪い言葉の区別がつかないので、暴言をはいてしまう。

悪い言葉を具体的に教えよう

人に言ってよい言葉と言ってはいけない言葉を、具体的に教えよう。

言ってよい言葉と悪い言葉の区別がつかずに、思ったことをストレートに言ってしまう子どもがいます。

まずは、クラス全体で「言ってはいけない言葉」を考え、クラスのルールとして貼り出しておきます。そのうえで、絵本や紙芝居などを使って、「ここではどのように言えばよかったのかな」などと問いかけながら、具体的にどのような言葉を使えばよいのかを考えられるように促してください。

また、その子どもが言ってはいけない言葉を使ってしまった場合には、クラスの「言ってはいけない言葉」のルールを指しながら注意し、そのつど、どのような言葉を使えばよいのかを教えていきます。

他の子どもが怒っているのを理解できない

パターン 3

どんなことを嫌がるのかがわからない

先生
太ってる

相手が嫌がる言動がわからず、悪気なく嫌がることを言ってしまう。

嫌がる言動を1つひとつ教えよう

「太ってる」って言われるの
先生、嫌だな…

言われて嫌な言動を、1つひとつ教えていこう。

「先生、太っているね」「その服、似合わないね」などと、見たまま、感じたままのことをストレートに言ってしまう子どもがいます。その子どもは、どのようなことを言うと相手が嫌がるのかがわからず、悪気なく言ってしまうのです。

このような子どもに対して強く注意しても、効果はありません。本人は何がいけないのかがよくわからず、「どうして先生に怒られなくてはならないのだろう」と反発してしまいます。

どのような言葉を言われたら相手が嫌がるのかを、具体的に1つひとつ教えていかなくてはなりません。例えば、「先生は太っていると言われると、とても傷つくので、言わないでほしいな」などと、その言葉を言われた人がどのように感じているのかを伝えるようにしてください。

なんで
怒られたのか…

補足　感情を理解するための教材

相手の感情を理解することが苦手な子どもに対しては、具体的な場面を取り上げて、「こういうときはどういう気持ちなのか」を教えていくことが必要です。

まずは、簡単な絵本や紙芝居、４コマ漫画などを用いて、登場人物の気持ちを考えさせてください。

最初は、「こういうときはこんな気持ちになる」ことがはっきりする課題から、取り組むとよいでしょう。

Q　自分がされて嫌なことを平気でするのはなぜ？

自分がされて嫌なことを、平気で相手にするのは、なぜなのでしょうか？

A　相手の立場になって考えることが苦手

自閉症やアスペルガー障害のある子どもは、相手の立場になって考えることが苦手です。

通常の保育のなかで、「あなたがそれをされたら嫌でしょ？」などと、相手の気持ちを考えて行動するように子どもたちに声をかけることは多いことでしょう。しかし、自閉症やアスペルガー障害の子どもは、そもそも相手の気持ちを理解したり、表情を読み取ったりすることが苦手なので、「自分がされて嫌なことを相手がされたら同じように嫌だと感じるだろう」と想像することができません。そのため、自分がされて嫌なことを友達にしてしまうのです。

このような子どもには、「○○をしません」などと、やってはいけない行為をはっきりと伝えていくことが大切です。

水遊びをやめられない

パターン 1

水の感触、キラキラ光る様子が好き

水が好きだから、つい水遊びをしてしまう。

他の遊びを示し遊びの幅を広げよう

他の楽しい遊びを知らせ、水以外の物に興味をもてるよう導こう。

自閉症の子どものなかには、水の感触、光が当たってキラキラと反射する様子が好きで、その刺激を受け続けたいために水遊びをやめられない子どもがいます。

これも自己刺激行動（71 ページ）の1つです。強く叱って無理やりやめさせようとしても、気持ちを落ち着かせることができません。

その子どもが心地よいと感じられるような他の遊びに導いたり、保育者が遊びの仕方を見せたりして、遊びの幅を広げてあげてください。

パターン 2

おしまいがわからない

もう
おしまい
キュ!
ギャー

おしまいがわからないので、いつまでも遊びたくて泣いてしまう。

終わりの時間を事前に知らせよう

この砂が
落ちたら
終わりだよ
=終わり

終わりの時間を事前に知らせるため、砂時計などを活用しよう。

発達障害のある子どものなかには、突然「おしまい」と言われても、自分の気持ちをコントロールできず、やめられない子どもがいます。特に、好きな水遊びはいつまでもしていたいのです。しかし、「いつになったらやめなくてはいけないのか」がわからずに、ぐずってしまいます。

このような子どもには、いつになったら「終わり」なのかがわかるように、遊び始める前にルールをつくり、予告をしておく必要があります。砂時計やキッチンタイマーなどを活用して、事前に「いつになったら終わりなのか」を目で見てわかる形で示しておくのです。

心づもりができれば、終わりの時間がきても、気持ちを切り替えやすくなります。

鳴ったから
終わりだよ
PiPiPi

補足

魅力的な遊びには子どもに面倒な準備をさせることも有効

子どもにとって、水遊びは魅力的なもので、真冬でもやりたがってしまう子どもがいます。魅力的な遊びには、「面倒な準備をしないと遊べない」という決まりをつくってください。

例えば、水遊びをする前には、レインコートを着て長靴を履かなくてはならないとか、水遊び用の服に着替えなくてはならないなどのルールです。もちろん遊び終えたあとにも、着替えなくてはならないという決まりがあります。

「手軽にできるものではなく、面倒なことをしなくてはできない」と子どもが学習すれば、やりたいという気持ちをある程度抑えることができます。

Q

ついやらせてしまうこともあるが それはいけないこと？

普段は水遊びを禁止していますが、本人がどうしても言うことをきかないときに、やらせてしまうことがあります。それはいけないことですか？

A

「やらせない」と決めたことは徹底しましょう

水遊びに限らず、「子どもがぐずったために仕方なくやらせてしまった」という対応をしてしまう保育者は、多いことでしょう。しかしこのような対応をしていると、ぐずれば好きなことをやらせてもらえるということを学習してしまいます。

「やらせない」と決めたことは、どんなことがあっても「やらせない」と徹底してください。

補足　終わりの時間を示すための道具

　終わりの時間を示すために、園にある時計を使う保育者は多いことでしょう。

　数字が読める子どもには「時計の長い針が９になったら終わりです」などと告げておくと、子どもによっては、自分で時計の針を気にしながら遊ぶことができるようになります。

　数字が読めない子どもには、終わりの時間の数字の上に大きなマークを貼っておき、そのマークの所に針がきたら終わりにするようにします。

　しかし、時計が遠くにあって、時計を気にすることができない子どもには、その子どもの近くに残り時間がわかる道具があると、時間を気にかけやすくなります。

　そんなときには砂時計やキッチンタイマーが有効です。特に、砂時計は、砂が落ちていく様子を目で見て確認できるので、いつになったら終わりであるのかの見通しをもちやすいです。

　その他に、残り時間がどれくらいあるのかを目で見て確認できる道具が市販されています。タイムタイマーという商品は、残りの時間を赤色で表示してくれる時計です。赤色の部分が減っていき、なくなったら終了です。目で見て確認できるという利点があります。

長い針が♡に来たら
終わりだよ！
砂が下に落ちたら
終わりだよ！
赤いところが
なくなったら
終わりだよ！

活動の途中で部屋を出てしまう

パターン 1

外に興味や関心をひくものがある

窓の外の様子に気をとられてしまう。

外の様子が見えないようにしよう

カーテンを閉めたり、壁を背にして立つようにしよう。

ADHD のある子どものなかには、窓の外に何かが見えたり、気になる音楽が聞こえてきたりすると、興味をひかれて、活動の途中であっても衝動的に保育室から出てしまうことがあります。このような子どもに対して、「活動の途中で部屋から出ないように」と伝えるだけでは、なかなか効果はありません。

まずは、できるだけ外の様子が見えないようにする、外からの音が聞こえないようにするなど、刺激があまり入らないように環境を整えましょう。

例えば、子どもたちの前で話をするときは、後ろに窓など興味をひくものがない位置に立ちます。また、興味をひくようなものは、目の届かないところに片づけます。窓やロッカーはカーテンを閉めておくとよいでしょう。子どもの座る位置は、刺激が入りやすい窓側や廊下側の席を避け、保育者の正面にします。その位置なら、子どもの注意がそれたときに保育者が声をかけやすく、活動に意識を戻しやすくなります。

パターン 2

不快な刺激に耐えられない

子どもたちの歌声をうるさく感じ、そこから逃げ出そうとする。

苦手な刺激を避ける方法を教えよう

耐えがたい刺激を取り除くための工夫をしよう。

保育室の中の特定の刺激（例えば、大きな音やスピーカーの音、粘土や工作のりのにおいなど）に敏感で、その刺激に耐えられない子どもがいます。どのような刺激を嫌だと感じているのかは、子どもにより異なります。

避けられる刺激ならば、できるだけその刺激を取り除きましょう。しかし、園内放送の音や鍵盤ハーモニカの合奏音など、避けられない刺激もあります。そのときは、できればスピーカーの音量を小さくしたり、スピーカーから離れた位置に座らせるようにしましょう。

また、自分の手で耳を覆うようにしたり、イヤーマフを使ったりするなど、苦手な音が鳴ったときの対処方法を教えるのも１つの方法です。そのような方法でも耐えられなければ、不快な刺激がある間は別の場所に移動するなど、耐えがたい刺激から逃れる方法を教えていきましょう。

活動の途中で部屋を出てしまう

パターン 3

落ち着かない環境で生活している

家庭内で落ち着かなく過ごしているので、園でも落ち着くことができない。

ルールとして伝えできたらほめよう

「保育室から出ない」ルールを伝えよう。

家で商売をしているために、保護者がしょっちゅう接客のために居室と店舗を往復していたり、きょうだいが常に部屋と部屋の間を動き回っていたりするなど、落ち着かない家庭環境で育った子どものなかには、園でもじっとしていられずに、活動の途中でも保育室を飛び出してしまうことがあります。このような子どもは、「活動中は保育室から出ない」ことを学習していない可能性があります。

まずは、ルールとして「活動中には保育室から出ない」ことを伝え、保育室の中にいるように促します。最初は、少しの時間でも保育室にいることができれば、おおいにほめます。また、保育室の中で落ち着いて活動しているクラスの子どもたちをほめることで、その子も周りの子どもたちと同じように行動していくようになるでしょう。

補足　遠視の子どもにも多動の傾向が見られることがある

遠視というと、近視とは逆に遠くの物がよく見えると思われがちですが、そうではありません。手元の物も遠くの物も見えづらいというのが遠視です。遠視の子どもは、常にピントを調整しなくてはならないため、眼が疲れやすいという特徴があります。また、調整してもよく見えません。そのため、遠視の子どものなかには、活動の途中で集中力が低下し、落ち着きがなくなる場合があります。

近くの物を見るときに目を細めるなどの行為がある場合には、早めに眼科で検査を受けてください。遠視であることがわかり、メガネなどで矯正をしたら、子どもが落ち着いたというケースがよくあります。

Q 出てよいときといけないときの区別を子どもに教えるには？

保育室から出てよいときと出てはいけないときの区別を子どもに教えるためには、どのようにしたらよいでしょうか。

A ドアに×と○を表示して知らせましょう

まず、保育室の出入り口のドアに透明のファイルを貼っておきます。

保育室から出てはいけないときには、その中に×のカードを入れておきます。出てもよいときには、○のカードに替えます。

×のカードが入っているときに子どもが出ようとしたら、×カードを指しながら「保育室から出ません」ときっぱり伝えていきましょう。

ゴロゴロしている

パターン 1

姿勢を保つことが難しい

ゴロ
ゴロ…

いすに座る姿勢を保つための筋力が弱いので、ゴロゴロしてしまう。

活動と活動の間に休息させよう

ここに座っていても
大丈夫よ

体力が回復するよう、休息させてあげよう。

　発達障害のある子どものなかには、もともと筋力が弱かったり体力が不足したりしている子どもがいます。また、姿勢を正すために不自然な力を入れていることもあります。そのため、長時間、いすに座ったり、床に体操座りをして姿勢を保ったりすることは、発達障害のある子どもにとってかなりの疲労を伴うことなのです。

　このような子どものために、保育室の隅などに、大型のクッションや毛布などを敷いた一角を設けておき、活動と活動の間に休息させるとよいでしょう。一定の時間、そこで休むことによって、その子どもは次の活動が始まるときには体力が回復し、また座って活動することができるようになります。

ぼくもやろうかな

パターン 2

座り方が悪くいすから落ちる

どのように座ったらよいのかがわからない。

いすにシールを貼り座り方を伝えよう

シールを目印にすることによって、正しい姿勢で座ることができる。

保育者はしばしば「きちんとした姿勢で座りなさい」「ちゃんと座りなさい」などと子どもに声をかけていますが、発達障害のある子どもはどのように座ればよいのかが具体的にわからず、浅く腰をかけて、しばらくするうちにずるずると床に落ちていってしまう場合があります。

この場合には、具体的にどのように座ればよいのかを伝えるようにしてください。例えば、シールを背もたれに１枚、座面の奥の方に２枚貼っておきます。座面のシールを指さして、「このシールの上に座ります」、背もたれのシールを指さして「背中はこのシールにくっつけます」などと伝えることによって、子どもは深く腰かけられるようになります。

また、足が床についていないと安定しづらいので、足元に足を乗せるための台を置くことも１つの方法です。

ゴロゴロしている

パターン 3

疲れていたり、活動に興味をもてない

活動に興味をもてず、ゴロゴロしてしまう。

→

ゴロゴロの様子を記録しておこう

どんなときにゴロゴロしているのか、観察、記録して役立てよう。

保育者から見ると、しょっちゅうゴロゴロしている印象の子どもがいます。まずは、どのようなときにゴロゴロしているのかを２週間を目安に観察し、記録をつけてください。そこには、曜日や時間、活動の内容、そのときの状況などを書いておきます。

例えば、週末の午後になると活動の内容にかかわらずゴロゴロすることが多いことがわかれば、週末はなるべく活動と活動の間の休息を多くとってみることが必要です。また、製作活動のときにゴロゴロすることが多ければ、活動に興味をもてずに、そのようにしていることがわかります。

どのような時間に、またどんな活動のときにゴロゴロすることが多いのかがわかれば、子どもがゴロゴロしてしまう要因を取り除くことができます。

Q クラスの子どもたちからも休息コーナーを要求されたら？

発達障害のある子どもの休息コーナーを作ったら、クラスの子どもたちが「自分たちの分も作ってほしい」と言ってきました。どうしたらよいのでしょうか。

A 嫉妬や敵意をもたせないためにも作りましょう

もし、クラスの子どもたちが自分たちの分の休息コーナーを作るように要求してきたら、座布団やクッションなどで簡易の休息コーナーを作ってあげるとよいでしょう。

休息コーナーを作らずに、「みんなは我慢しなさい」と伝えると、発達障害のある子どもに対する嫉妬や敵意をもたせてしまうことになります。

なお、クラスの子どもたちは休息コーナーを作ってもらっても、休息する必要性がないために、すぐに飽きてしまい、結局は使わなくなっているケースがほとんどです。

保育活動編

一番にならないと怒る

パターン 1

順位にこだわりがある

勝てなかったので怒り出す。

一番になりたい気持ちを認めよう

気持ちを受け止めて、落ち着かせることを心がけて。

自閉症やアスペルガー障害のある子どもは、「一番になる」ことに強くこだわってしまうことがあります。

しかし、必ずしもいつもその子どもが「一番になれる」わけではありません。まずは、子どもが一番になれなかった場合は、子どもの「一番になりたかった」「負けて悔しかった」という気持ちを受け入れて、「勝ちたかった気持ちはわかったよ」「悔しかったのね」などと子どもの気持ちを代弁してください。叱ったり、ゲームをやらせないようにするのは、逆効果です。

子どもは一番になれないと泣いたり、八つ当たりしたりすることがあります。しかし、保育者が子どもの気持ちを受け止めていくことによって、徐々に自分自身で気持ちを言葉にして落ち着くことができるようになります。

パターン 2

一番以外の結果を予測しにくい

やる前から、自分が一番になるものと思い込んでいる。

負けることもあると伝えておこう

ゲームの前に、負けることもあると教えておこう。

発達障害のある子どもは、自分が「一番になる」と思い込むと、その考えをなかなか修正できません。そのため、それ以外の結果になったときになかなか受け入れられません。

そこで、ゲームや試合を始める前に、必ずしも一番になれるわけではないことを予告してください。その際、「一番になれなくても我慢する」ように約束しておきます。実際にゲームや試合で負けてしまうと、「我慢する」という約束を忘れて、かんしゃくを起こすかもしれません。そのときにも、「前よりも我慢できた」ことをほめるなどして、我慢できるように促してください。

また、落ち着いてきたら、「次回は勝てるかもしれない」「負けたけれど、一生懸命に取り組んだことがよかった」などと、次は前向きになれるよう声をかけてください。

一番にならないと怒る

パターン 3

はやさだけを評価している

保育者がはやくできた子をほめるので、自分もはやくしようと思ってしまう。

はやさ以外の評価の基準を作ろう

ていねいに作れたことも、ほめるようにしよう。

保育者が「はやくできること」だけを評価していると、子どもも「誰よりもはやく仕上げて、先生にほめられたい」と考えるようになってしまいます。

「ていねいにできた一番」「しっかりと話を聞けた一番」「落ち着いてできた一番」など、いろいろな評価の基準をつくりましょう。それによって子どもたちは、行動のはやさだけが絶対的な評価の基準ではないことを学ぶことができます。

また、保育のなかで勝ち負けにとらわれない遊びをたくさん取り入れ、勝敗のつかない遊びのなかで、気持ちの充実感をもてるようにしましょう。

「おまえのせいで負けた」と言われてから負けるのが嫌になった子どもには？

リレー遊びのあと、「おまえのせいで負けた」と言われたことから、負けることに強い嫌悪感をもった発達障害のある子どもがいます。どのように対応していけばよいでしょうか？

最後までがんばることの大切さも伝えましょう

クラス全体で、勝敗や順位が決まる遊びをするときの約束事を、あらかじめ決めておきましょう。そのなかには「負けたときにチームのメンバーのせいにしない」「負けた相手をばかにしない」などと、負けた子どもに配慮すべき事項を入れておきます。

それでも、負けたことに嫌悪感をもつ子どもには、「一番になること」だけが価値のあることではなく、「最後までがんばること」にも価値があることを伝えていきましょう。

列に並ぶときも先頭でいたい子どもには？

列に並ぶときも、先頭に立たないと気がすまない子どもがいます。どのように対応すればよいのでしょうか。

列に並ぶときの明確なルールを伝えましょう

先頭に立たないと気がすまない子どもがいる場合には、列に並ぶときの明確なルールをつくります。例えば、背の順に並ぶというのは、わかりやすいルールです。身長を比べて、どちらの子どもが高いかを確認して順番を決めれば、その子どもも納得しやすいです。

また、用意ができた順番に並ぶ場合には、何をどのようにした人から並ぶことができるのかがきちんと伝わるように、ルールを絵で示すなどの工夫が必要です。

製作活動が苦手

パターン1

手先が不器用

上手に切れない

不器用で、うまくはさみを使えない。

できない部分を手伝おう

切れた！

苦手な部分は手を添えたりしていっしょにやろう。

発達障害のある子どもは不器用であることが多く、途中で製作が嫌になってしまったり、製作をしようとする意欲がなくなってしまったりすることがあります。

製作途中のところは保育者が手を添えたり、いっしょにやってみたりして手伝いますが、最後の１ステップは子どもが自分の力でできるように促します。徐々に最後のステップの量を増やしていきます。

子どもが「自分でできた」という達成感をもち、製作活動への意欲を失わないようにすることが大切です。

最後はAちゃんがやってみよう
できたね
チョキン

パターン 2

経験が不足している

のりを使ったことがないので、つい出しすぎてベタベタになってしまう。

指先を使う遊びを取り入れよう

経験不足を補うため、指先を使う遊びを取り入れよう。

入園するまで、のりやはさみを触ったことがない子どもがいます。このように経験が不足している子どもは、うまく製作活動ができません。

園では、遊びのなかで指先を使う経験をたくさん積ませてください。手遊び、あやとり、折り紙、ひも通し、粘土遊びなどがよいでしょう。

また、家庭の協力が得られるようであれば、家庭でも指先を使う遊びを取り入れてもらいます。

保護者のなかには、どのような遊びをしたらよいかがわからない人もいるので、クラス便りに折り紙の折り方や、親子でできる製作の紹介を載せるなど、具体的に遊びを紹介するとよいです。

製作活動が苦手

パターン3

製作の手順を覚えられない

次にどうすればよいのかがわからない。

製作の手順をわかりやすく示そう

黒板に貼られた折り紙の手順を見ながら折る。

発達障害のある子どもの多くは、言葉で聞くよりも目で見たほうが保育者の指示を理解しやすい特徴があります。また、記憶しておくことが苦手な子どももいます。

手順を覚えることが苦手な子どもに対しては、子どもが「次はどうするんだったかな？」と思ったときに、目で見て確認できるようにしておくことが必要です。

例えば、黒板に折り紙を貼って手順を示す、手順を黒板に書いておく、作り方を書いた紙を手元に置いておくなどの工夫をするとよいでしょう。

補足　身体を使った運動遊びが苦手な子ども

不器用であったり、遊びの経験が少なかったりする子どもは、製作活動だけでなく運動も苦手である場合があります。

うまくできないために、運動に対する苦手意識をもってしまうと、運動することに対する意欲を失うことにつながります。

ほめる機会を多くしてさまざまな遊びを体験させる、苦手な運動は動きを分けて練習させる、といった工夫が必要です。

◆動きを分けて練習する（縄跳びの場合）

①保育者が1、2…、と声をかけて、リズムよくジャンプの練習をする。

②縄跳びを持たずに持ったつもりで、両手を手の横で回す練習をする。

③縄跳びを持って、前に回して跳ぶ。

部屋がうるさいと耳をふさぐ

パターン 1

ざわざわした場所が苦手

保育室の中の音をうるさく感じてしまう。

落ち着いて過ごせるスペースを作ろう

ちょっとした空間を作れば、落ち着いて過ごせる。

発達障害のある子どものなかには、感覚が敏感で少しの刺激でも強く感じ取ってしまう子どもがいます。敏感な感覚をもっているために、保育室のざわざわとした音を不快に感じてしまうのです。保育室の中で自由に遊ぶ時間や、登園、降園の時間は、特にざわざわとした雰囲気になりがちです。耳をふさいだり、パニックになったりするような場合には、保育室から離れた静かな場所に連れて行き、落ち着かせてください。

また、場所を移動しなくても、保育室の中の比較的静かな場所に落ち着いて過ごせるようなスペースを作ることも有効です。このスペースは、保育室の隅についたてや段ボールで囲うようにして作ったものでもよいですし、ロッカーの１つを空にしておき、そこを使うようにしても構いません。そのスペースに子どもの好きなおもちゃを用意しておくのもよいでしょう。

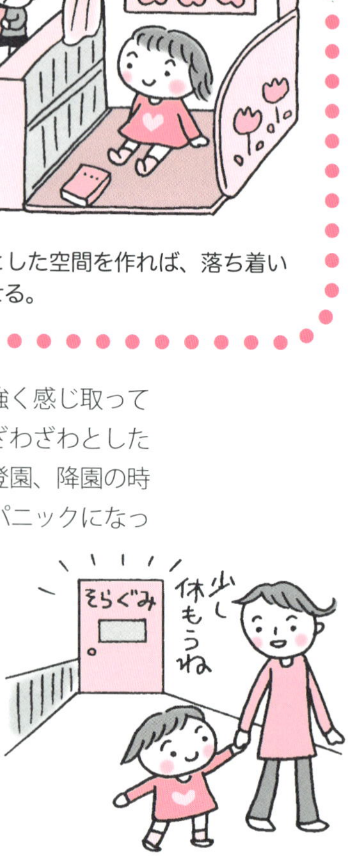

パターン2

室内で聞こえる特定の音を嫌がる

室内で流れる音楽を不快に感じる。

無理に慣れさせるのではなく音源から離そう

音源から離れた場所で遊ぶように促す。

音に敏感な子どもは、ある特定の音をとても嫌がることがあります。特に自閉症の子どもにその傾向が見られます。

周りの子どもたちは「ちょっとうるさい音」にしか感じていなくても、自閉症の子どもには、耳をつんざくような音に聞こえたり、不快な音に感じたりするのです。自閉症の子どもが嫌う音は、子どもによって違いますが、たいこの音、赤ちゃんの泣き声、警報機の音を苦手としている子どもが多いと言われています。

まずは、どの音を嫌がっているのかを調べてください。苦手な音がわかったら、可能であれば音を消したり、小さくしたりします。それができなければ、音が聞こえない場所に移動させます。音源から離れた場所に移動するだけでも落ち着く子どももいます。決して、無理に音に慣れさせようとしないでください。

補足

パニックとは

パニックは、長時間にわたって緊張状態が続いたり、生理的に不快な状態が続いたりした際に、気分が不安定になり、混乱してしまうことを言います。

パニックの状態は子どもによって異なります。大声で泣き叫ぶ子どももいれば、手当りしだい身近にあるものを投げつけてくる子ども、自分自身の手をかんだり、髪の毛を引っ張ったり、自分の頭を壁などに打ちつけたりする自傷行為をする子どももいます。また、他の子どもにかみついたり、髪の毛を引っ張ったりする子どももいます。このように激しいパニックを起こす子どもの他に、固まったように動かなくなってしまう、ずっとめそめそと泣いているなど、パニックを起こしていることがわかりにくい子どももいます。

パニックは、何らかの原因があって起きていますが、その原因がはっきりわかる場合とわかりにくい場合があります。はっきりわかる場合には、その原因を取り除くようにしてください。わからない場合には、どのような状況でパニックが起きたのかを記録しておきましょう。

パニックが起きてしまった場合は、子どもの安全を確保することを最優先にします。周りにいすや机がある場合には、それらを片づけます。周りの友達からも離します。パニックを起こしている子どもを静かな場所に連れていき、子どものパニックがおさまるまで待ちます。

起きてしまったパニックをやめさせようとしないでください。パニックを起こしている子どもを叱る、子どもにやめるように説得する、子どもの身体を押さえつけるなどの対応は、逆効果です。

Q 特定の曲を聞くと大声を出す子どもにはどう対応したらいい？

Aちゃんは、ある特定の曲が流れると耳をふさぎながら大声を出します。大声を出すのをやめるように指導しますが、なかなかやめません。どのように対応したらいいでしょうか。

A 音量を抑えて聞きとりにくいようにしましょう

Aちゃんは、その曲に不快感をもっていると考えられます。Aちゃんの行為を無理にやめさせようとすることは、よくありません。可能であれば、その曲をかけないようにしてください。それができないのであれば、音量を小さくする、音源をAちゃんの位置から遠くに置くようにするなど、なるべくAちゃんの不快感を軽減させるようにしましょう。

Q 警報機の音が嫌いなBちゃん。避難訓練のときにはどうしたらいい？

Bちゃんは警報機の音を聞くと耳をふさぎます。避難訓練の際には警報機の音が響き渡り、静かな場所に連れて行くことができません。どのように対応すればよいのでしょうか。

A 警報機の音がなることを事前に伝えておきましょう

Bちゃんには、避難訓練のときに警報機がなることを、あらかじめ伝えておきましょう。予告があれば、心づもりができます。

また、警報機のボリュームをいつもより小さくしておく、避難訓練が始まるときにはBちゃんがスピーカーから離れた場所にいるようにするなどの対応を、あわせてしておいてください。

活動中じっとしていられない

パターン 1

立ち歩きたい衝動を抑えられない

動きたい衝動にかられて、いすから立ち上がってしまう。

短い言葉で注意しよう

立ち上がろうとする瞬間に、「座ります」と声をかける。

発達障害のある子どものなかには、「動きたい」「廊下に出たい」などの気持ちを抑えられず、今は何をする時間かを考える前に身体が動いてしまう子どもがいます。

このような子どもに対しては、短い言葉で注意をします。注意のときには、できるだけ「立ち歩かないように」といった否定の言葉を使うのではなく、「座ります」という望ましい行動を伝えます。

言葉だけでは伝わらない場合があるので、絵や文字で示すことも有効です。話を聞くときのルールやお集まりのときの約束をつくり、教室内に掲示しておいて、注意するときに指し示すようにします。

パターン 2

終わりがわからず集中力が途切れる

きょろきょろ

活動がいつまで続くのかがわからないので、集中できない。

いつ終わるか伝え見通しをもたせよう

今から2つのことを話します
2つ話すまで聞いていてね
はい

活動の前に、その内容と、いつ終わりになるのかを伝えておこう。

落ち着きがなく、じっとしていられない子どもに対しては、活動の初めに「いつになったら終わりになるのか」を伝えます。

話をする際には「今から２つのことを話します」、時計を見せながら「長い針が５になったら製作はおしまいです」というように、いつまで集中すればよいのかがわかるようにします。

また、活動の途中で集中力が途切れてしまうこともあります。この場合には、活動の手順を絵カードや文字で示しておき、「今は○○をやっていたよね」「次は何だっけ？」などと声をかけて、子どもの意識を活動に戻すようにします。

1. せんせいからがようしをもらう
2. どうぐばこからくれよんをだす
3. つくえのまえにすわる
4. うんどうかいのえをかく
5. せんせいのところにもっていく
6. すきなあそびをする
今は4の時間だよ
そうだった！

パターン 3

視界に入るものに気をとられやすい

周囲のものに気をとられ、注意がそれてしまう。

注意がそれるものを取り払おう

注意がそれる周囲のものを、事前に取り払っておこう。

外の様子が視界に入ったり、ロッカーやおもちゃが見えるような位置に座ったりしていると、どうしても注意がそれてしまいます。

このような子どもには、いろいろな刺激が入りづらい座席になるようにしてください。廊下や窓の外が見えないように、保育者のそばで、一番前の中央の席がよいです。

また、保育者が立っている後ろの壁には、掲示物を少なくします。さらに、ロッカーやおもちゃにはカーテンや無地の布などで覆いをして、見えないようにしてください。

ほめ方がわかりません。どのようにほめればいいの？

できないところが目について、つい子どもを叱ってしまいます。ほめることがよいことはわかりますが、ほめ方がわかりません。どのようにほめればよいのでしょうか？

よい行動ができた直後にほめましょう

じっとしていられない子どもに対して、保育者は叱ったり注意したりすることが多くなってしまうものです。

しかし、注意をされてばかりいると、子どもは自信をなくしてしまいます。また、周りの子どもが、その子どもを「いつも注意されてばかりいる悪い子」と思ってしまいます。

立ち上がりそうになったら、「○○ちゃん、座ってお話を聞けていたね、えらかったね」というように、保育者がほめる機会をつくり出します。

ほめるときには子どもと目線を合わせて、ほめていることが伝わるように、とびきりの笑顔でほめます。ぎゅっと抱きしめるのもよいでしょう。

また、ほめるのは、よい行動ができた直後か、その行動の最中にしてください。朝できたことを夕方になってほめられても、何のことをほめられたのかが子どもには伝わりません。

また、ほめられたことを目に見える形にすることも、子どもにとってはわかりやすいごほうびになります。ほめたときにはおたより帳に花丸を書く、シールを貼ることも効果的です。

行事に参加できない

パターン 1

日常と違うので不安になる

いつもと違う雰囲気なので、不安になってしまう。

事前に過去の映像を見せよう

昨年度の映像を見ることで、不安が軽減される。

発達障害のある子どもは、運動会や発表会など普段と異なる行事に不安になることがあります。その不安を少しでも和らげるために、過去の行事の映像を子どもに見せることが有効です。それによって、その行事でどんなことを行うかがわかり、子どもが見通しをもてるのです。

また当日は、通園バスに乗らない、制服を着ない、いつもと違った時間に家を出るなど、普段とは違うことがたくさんあります。制服で登園している子どもの場合、体操服などでの登園を嫌がることがあります。普段と同じように制服で登園し、保育室で体操服に着替えれば、とまどいが少なくなります。

行事の会場が園とは異なる場合は、その会場の雰囲気に不安が高まり、パニックを起こしやすくなることが考えられます。不安が高まらないように、あらかじめ子どもといっしょに会場の下見をしておきましょう。保育者が子どもを連れて下見に行くことが難しい場合は、保護者に子どもと下見に行くよう促してみましょう。

パターン 2

やることがわからず見通しをもてない

開会式

何をするのかがわからず、不安になってしまう。

手順や内容を視覚的に示そう

①かいかいしき
②かけっこ
③つなひき
④おゆうぎ

順序や内容を絵カードで示し、見通しをもたせよう。

発達障害のある子どもにとって、行事が行われている間は、今何が行われているのか、これから何が始まるのか、出番までにどれだけ待つのかがよくわからず、不安になってしまうことがあります。そこで、行事の内容を絵カードで一覧にして、どのような順番で何が行われるのかをわかるように示します。その子どもの出番には、赤いペンで丸く囲んで目立つようにしておくとよいでしょう。

例えば運動会では、競技プログラムを席の前に貼っておきます。待合席がない場合は、補助の保育者や保護者に、一覧にした絵カードを渡しておき、常に子どもが見られる状態にしておいてもらいます。この絵カードは紙が長くなってしまうので、じゃばらに折り曲げてコンパクトにしておくとよいでしょう。一覧を見たければ伸ばす、そうでないときは、今行われている種目を見せるようにします。それによって、今行われている状況、この先の見通しをもつことができます。

次は綱引きだ

行事に参加できない

パターン 3

いつまで練習するのかがわからない

いつまで練習するのかがわからないので、集中できない。

練習の回数をボードに示そう

練習の回数をボードで示せば、終わりがわかって安心して取り組める。

行事のなかでも、運動会や発表会では、同じことを何度も繰り返し練習したり、他の子どもが練習をしている間は待たされたりします。そのため、発達障害のある子どもは、練習では何をどれだけ行うかについての見通しをもてず、他の子どもたちと同じように練習に参加することができないことがあります。

練習を始める前に、何の練習を何回行うか、練習する回数だけホワイトボードに○を書きます。練習が１回終わるごとに○を消していきます。ホワイトボードの○が全部消えたら、練習を終わりにします。保育者は、練習のときに気になる部分があると、つい「もう一度」と言ってしまいがちですが、発達障害のある子に対しては、最初に決めた回数を守り、終わったら他の子どもの練習を見ながら休憩させるようにしましょう。

補足 どのような形で参加できるかを考えることが大切

どの子どもにも、得意なことがあるとともに、苦手なことがあります。発達障害のある子どもは、苦手なことがよりはっきりしています。大きな音や大勢の人がいることが苦手な子どもなど、さまざまな特徴があります。

運動会や発表会は、クラスや学年でまとまって演技をしたり、他のクラスと競争したりします。全体としてまとまることが何よりも大切なことだと考えてしまうと、「まとまりを乱す」ことの多い発達障害のある子どもは参加できません。

そうではなく、この子どもはどのような形で運動会や発表会に参加できるかを考えて、全てに参加できなくても部分的に参加できればよいと考えることが大切です。

Q 遠足のバスに乗るときから泣いてしまう子には？

来月、大型バスに乗って動物園に遠足に行く予定です。Aちゃんは昨年、バスに乗るときから泣いてしまい、落ち着くまで時間がかかりました。また同じようになるのではないかと心配です。

A 事前に資料を見せて説明しておきましょう

この子どもは、日常の保育との雰囲気の違いに不安になってしまったようです。いつも乗っている通園バスとは違う大型の観光バスに乗ること、いつもとは違う体操服での登園、いつもとは違う日常の手順に、この先に何があるのかの見通しをもてないことが理由にあげられます。

遠足で使用する大型バスの写真や、動物園の写真付きパンフレット、動物園にいる動物の写真を、事前にその子どもに見せてください。また、当日の流れを絵カードで一覧にして説明しておくとよいでしょう。

次の活動になかなか移れない

パターン 1

次にする活動がわからない

次の活動への見通しがもてず、不安になってしまう。

1日のスケジュールを示そう

スケジュール表を壁に貼り、確認することで、見通しがもてるようになる。

次の活動になかなか移れない理由の１つとして、次の活動は何か、どこでどのようにするのかという見通しがもてずに、不安になっていることがあります。

このような場合には、１日の活動をスケジュール表にして、見やすい位置に示しておきます。活動の前に保育者といっしょに見て確認し、「今からお部屋で○○をします」と伝え、終わるときには「これで○○を終わります。次は外で△△をします」などと説明します。これによって、見通しをもつことができます。

スケジュール表を作るには、小さいホワイトボードと、板状のマグネットシートを使うと便利です。活動の絵（身支度、朝の会、遊び、給食、製作など）を描き、マグネットシートに貼ります。それを、活動順にホワイトボードに貼り付けておきます。終わった活動はボードからはがし、用意しておいた箱に入れるようにすると、次に何をするのかがわかりやすくなります。

パターン 2

活動の終わりがわからない

お片づけしてください

活動の終わりがいつなのか、わかっていない。

終わりの時間を伝え視覚的に指示しよう

お片づけします

砂遊びの道具が入った箱を見せることで、片づけをすることを伝える。

自由遊びを終える際に、次の行動になかなか移れないことがよくあります。

発達障害のある子どもには、言葉だけの指示よりも、視覚的な情報を取り入れた指示のほうがわかりやすいです。片づけの場合、片づけの場面が描かれた絵カードを見せる、砂遊びの道具が入った箱を見せるなどの方法が有効です。

「終わり」の時間まで、あとどれくらいあるのかが目で見てわかるように、砂時計、針がついているキッチンタイマー、残り時間がわかるタイムタイマーなどを使って知らせてください。

はい
砂時計の砂が全部落ちたら片づけの時間です

次の活動になかなか移れない

パターン 3

次の活動が苦手でやりたくない

次が苦手な活動なので、やる気になれない。

部分的な参加を認めよう

無理に参加させず、見学することでの参加も認めよう。

次の活動が自分の苦手な内容だったり、苦手な場所で行われたりする場合に、活動に参加したくないために、気持ちを替えられないことがあります。活動に無理やり参加させるのではなく、苦手な活動でも部分的に参加する、苦手な場所だったら、少し離れた所で活動を見ていてもよいということにしましょう。

苦手な活動が終わったら、自分の好きなことができるという約束をするのも、１つの方法です。

体操が終わったら
積み木で
遊んでいい
いち・に
いち・に

補足　活動の「始まり」をわかりやすくする方法

発達障害のある子どもには、活動を始める際に、いつも決まった物（音楽、小道具など）を使うようにすると、何が始まるのかがわかりやすくなります。

例えば、朝の会を始める前に、必ず同じ曲をピアノで弾くという方法があります。

また、絵本の読み聞かせを行うときに、パペットを使って子どもに話しかけるようにする方法もあります。そうすると、保育者がパペットを持っているときには絵本の読み聞かせがあるということが、わかるようになります。

Q　体操を嫌がる子どもは無理にでも参加させた方がいい？

Dちゃんは、体操の時間の前に行動がゆっくりになり、なかなか準備ができません。参加してもすぐにその場から離れたがります。無理にでも参加させた方がいいでしょうか。

A　見ることも参加の方法と考えましょう

Dちゃんは体操が苦手なようです。このようなときは、体操に無理やり参加させるのではなく、クラスの友達が参加している様子を見ていることにしましょう。同じ空間にいて、友達の様子を見ていることも、Dちゃんなりの体操への参加の方法です。

昼寝をしない

パターン
1

ちょっとした音が気になる

物音に反応しやすく、眠れない。

音が気にならない位置にしよう

防音対策のため、厚手のカーテンにし、窓から離れた位置に寝かせよう。

発達障害のある子どものなかには、ちょっとした音にも敏感に反応してしまう子どもがいます。昼寝の時間になって、他の子どもたちは寝る状態になっているのに、その子どもだけが窓の外から聞こえてくる音や周りの子どもたちの寝息、ささやく声が気になってしまい、なかなか眠れません。

そのような子どもは、できるだけ周りの音が気にならない位置に寝かせるようにしましょう。外からの騒音がなるべく聞こえないように、窓側やドアの近くを避けます。窓に厚手のカーテンをして、防音対策をするのもよいでしょう。また、静かに落ち着いて眠る子どものそばで寝るようにすることも有効です。

パターン 2

暗くなることで不安になる

部屋が暗くなることが不安で、眠れなくなる。

保育者がそばにいて安心させよう

保育者が隣にいることで、安心して眠りにつくことができる。

部屋が暗くなることに、極度に不安を感じる子どもがいます。真っ暗な部屋では、おばけが出るように感じて怖くなってしまう子どももいれば、反対に、いろいろな想像が頭の中に浮かんでしまい、興奮してしまう子どももいます。

このような子どもには、保育者がそばにいて、安心させてあげてください。保育者が背中をさすったり、手を握ったりすることによって、落ち着きを取り戻して眠りにつくことができる子どももいます。

また、カーテンを少し開けて光が少し入るようにすることで、不安が軽減する子どももいます。

昼寝をしない

パターン 3

睡眠のリズムを獲得できていない

睡眠リズムを獲得できず、眠くないので寝られない。

無理に寝かさず静かに過ごそう

無理せず、絵本を読んだりして静かに過ごそう。

発達障害のある子どものなかには、睡眠リズムをなかなか獲得できない子どもがいます。そのような子どもは、夜もなかなか眠れなかったり、朝の目覚めが悪かったりします。いつも同じ時間に寝るようにしてリズムをつくろうとしても、本人は眠くないために寝られないのです。

このような子どもを無理に寝かせようとしても、苦痛を与えるだけです。また、昼寝をさせると、夜に寝られなくなってしまい、家庭での睡眠リズムがさらに狂ってしまうこともあります。

子どもが眠くない場合には、別の場所で絵本を読んだり、絵を描いたりして静かに過ごすようにしましょう。

第3章

周りの子どもと保護者への対応

周りの子どもが世話をしすぎる

パターン 1

発達障害のある子どもとの関わり方がわからない

発達障害のある子どもに関わりたいのに、どうしてよいかがわからない。

保育者が関わり方のモデルを示そう

保育者が誘って、関わり方のモデルを示そう。

発達障害のある子どもと関わりたいと思っていても、どのように接すればよいのかがわからず、世話を焼くことでしか関わる方法を見つけられない子どもがいます。

この場合には、発達障害のある子どもが興味のあることや得意なことを活かして遊びを展開していけるように、保育者が仲介をしてください。例えば、発達障害のある子どもが虫に詳しいのであれば、関わりたいと思っている子どもを誘って、虫に関するクイズ遊びをいっしょにしたり、虫の本を眺めたりする方法があります。

発達障害のある子どもとどのように関わればよいのかを、保育者がモデルとなって示してください。

パターン 2

世話をしてほめられたい

私が履かせて
あげる

保育者にほめられたくて、発達障害のある子どもの世話をする。

できないことを手伝うように促そう

Aちゃんは
自分で履けるから
がんばれって
心のなかで
応援してね

手伝うよりも、見守って応援してあげるように導こう。

発達障害のある子どもの世話をしたときに、保育者から「いい子だね」「優しい子だね」という評価が与えられると、子どもは保育者にほめられたいために、その行動を続けることになります。

まずは、発達障害のある子どもの世話をする子どもにどのような声をかけていたのか、振り返ってみてください。世話をしてくれる子どもをほめすぎていたら、控えめにします。そのうえで、発達障害のある子どもができることは見守り、どうしてもできないことにだけ手を貸してあげるように伝えてください。

発達障害のある子どもがどこまで自分でできるのか、どこから援助が必要であるのかについて、保育者が見極めておくことが大切です。

じー…
よいしょ

周りの子どもが世話をしすぎる

パターン 3

「できない子ども」と思っている

次はスモックを着るのよ

発達障害のある子どもは何もできないので、手伝わなければと思っている。

発達障害のある子のよさを伝えよう

Bちゃんは車の名前をたくさん知っているのよ!

発達障害のある子どもの優れているところを紹介する機会をつくろう。

発達障害のある子どもの手伝いをすることによって、自分がその子のお兄さん、お姉さんになったような感覚をもってしまう子どもがいます。この場合、発達障害のある子を、「自分たちよりも劣っている子」「何もできない子」と考えている可能性があります。

発達障害のある子を「できない子ども」と感じさせないように、発達障害のある子の得意なことや上手にできるようになったことを、みんなの前で紹介する機会をつくるようにしてください。

すごい!

Q 世話している姿を喜ばしく思うのはよくないこと？

周りの子どもが発達障害のある子どもの世話をしている姿を見て、両者の関係ができて喜ばしいと思うのは、よくないことでしょうか？

A 発達のチャンスを失うことにもなります

発達障害のある子どもに必要以上に世話を焼くことは、適切ではありません。なぜなら、できることまで周りの子どもがやってしまうことによって、発達障害のある子どもは自分でやろうとする意欲がなくなったり、何かにチャレンジしなくなったりして、発達するチャンスを失ってしまうからです。

また、前のページでも触れましたが、発達障害のある子どもを自分より劣った存在として認識してしまうことも問題です。ペットや赤ちゃんの世話と同じように考えてしまうことになります。このような関係は両者にとってよくありません。

Q できることとできないことをどう把握すればいい？

発達障害のある子どものできること、できないことをどのように把握すればよいのですか？

A まずは保護者に確認しておきましょう

日常の１つひとつの動作について、発達障害のある子どもの保護者と話し合い、どこまでは本人ができることなのか、どこから援助が必要なのかを整理しておく必要があります。

また、津守式乳幼児精神発達診断検査などの発達検査を用いて、発達障害のある子どもがどこまでのことができているのかを客観的に知ることも有効です。

「どうしてあの子だけ」と言ってくる

パターン 1

なぜ許されるのか疑問を感じる

Aくんはどうして
お話を聞かなくて
いいのかな？
ガオー

なぜＡくんは話を聞かなくてもいいのかと疑問に思ってしまう。

練習している最中と伝えよう

Aくんはお話を聞く練習をしているところなの。もう少ししたらできるようになるから見守っていて
そっか

Ａくんは練習している最中と伝え、見守ってくれるように頼もう。

幼児期の子どもは、自分ができることは同じ年齢の他の子どもも当然できるものだと考えがちです。そのため、発達障害のある子どもが自分にできることをできなかったり、やろうとしなかったりすることがなぜなのかがわかりません。しかも、そのことについて保育者が何も注意しないと、「なぜ、あの子はやらなくても許されるのだろうか」と疑問を感じるのです。

この場合に、発達障害のある子どもは「やらなくてもよい」と伝えるのは適切ではありません。「その子は特別な存在」と感じさせてしまうからです。ここでは、発達障害のある子どもも「今は練習している」ところであると伝えてください。発達障害のある子どもはやらなくてもいいわけではないことを、周りの子どもたちに伝えていくことが大切です。

パターン 2

許されるのは不公平だと思う

Bちゃんだけずるい!

みんなと同じようにしなくても許されるのは不公平だと感じてしまう。

誰にも苦手なことがあると実感させよう

みんなも苦手なことはあるよね
それでも「ちゃんとやりなさい」とばかり言われたらどう思う?
うーん

苦手なことを強要される気持ちを考えられるように導こう。

外遊びが終わる時間になっても保育室に入ってこようとしない、座って保育者の話を聞かなくてはいけないときに立ち歩いてしまうなど、発達障害のある子どもが保育者の指示を聞かないことはしばしばあります。そのときに、クラスの子どもたちは「あの子だけやらないのはずるい」と不公平に感じてしまうことがあります。

まずは、発達障害のある子どもは指示された行動をすることが苦手で、みんなと同じようにできるように、少しずつ練習している途中であることを伝えてください。そのうえで、誰にも苦手なことがあり、それを常に「ちゃんとやらなくてはいけない」と強制されたり、ばかにされたりすると、つらい気持ちになることを実感させるように導いてください。そして、発達障害のある子どもが練習していることをゆっくり見守ってほしいと伝えましょう。

Bちゃんもそうなんだ
モグ…

補足

「障害理解」とは？

クラスに発達障害の子どもがいる場合には、その子どもの特性を周りの子どもに伝え、その子をクラスの大切な仲間として認識させることを目的とした指導をしている保育者は多いことでしょう。そのような指導によって、クラスの子どもたちは、発達障害のある子どもとの関わり方を知ることができます。

しかし、子どもたちは自分が接する機会のある子どものことしかわからず、その他の特徴のある人の理解を深めることにはつながりません。また、幼児の場合には「障害」という概念が形成されていないため、個々の子どもの特徴として捉えることにとどまってしまいます。

子どもには、将来的に障害に関する科学的な認識をもち、障害のある人が必要とするときに適切な支援をし、お互いが同じ社会にいることを当然のことと考えられるようになることが求められます。このような考え方を「障害理解」と言います。障害理解は、子どもの発達に応じて深めていく必要があります。幼児期には、世の中に自分とは違う特徴のある人々がいることを知り、そのような人々に親しみを感じていくことが求められています。

人は成長するにしたがって、１人ひとりが人間を評価するものさしを多様化させ、たくさんのものさしをもつことが必要とされています。障害理解とは、さまざまな特徴のある人が、それぞれの持ち味を活かして生活できる共生社会を目指すものです。その点で、自分とは違う特徴のあるさまざまな人の存在を知り、自分と異なる特徴がある人たちにも自分と同じように価値があるという考えを育む基盤を、幼児期につくっていくことが重要なのです。

補足　障害理解を進めるための絵本の読み聞かせ

最近は、障害のある人が登場する絵本が多く出版されるようになりました。

絵本に登場するのは、車いすを使用している人、盲導犬を使用している人など、挿絵でそれとわかる特徴がある人が多いですが、発達障害のある人が登場する絵本もあります。まずは、子どもがイメージしやすい障害者が登場する絵本を読み聞かせることから始めてください。

車いすの人が登場する絵本を読み聞かせることによって、子どもは車いすの人に対して親しみを感じるようになったり、生活を知ることができたり、自分との違いを感じたりすることができるようになります。しかし、その絵本だけでは、視覚障害者や聴覚障害者、知的障害者の理解を深めることはできません。つまり、障害のある人が登場する絵本を１冊読めば、全ての障害者のことを理解できるようになると考えることは誤りです。それぞれの障害種別の絵本を、読み聞かせてください。

また、お話の最後は「障害が治る」ことを期待して絵本を読む子どもが多くいます。子どもたちは「いい子にしていたら障害が治る」と考えてしまうのです。このような認識は、「障害が治っていない人は悪いことをした人だ、いい子にしていなかった人である」という見方につながってしまいます。成長するにつれて、この認識が間違いであることに気づきますが、障害者に対する否定的なイメージはなかなか消えません。そのため、子どもが治ることを期待していた場合には、障害は永続することを理解させ、障害は悪いことをした結果ではないことをきちんと伝えていくことが必要です。

一方で、「障害のある人は何もできない人である」と思っている子どもがいます。絵本の読み聞かせを通して、工夫をしたら障害のない人と同じようにできることがたくさんあるということを伝えていくことが大切です。

発達障害のある子どもの参加を嫌がる

パターン1

うまくやりたい気持ちが強い

発達障害のある子どものせいでうまくいかず、悔しい。

嫌がる気持ちを受け止めよう

悔しい気持ちをしっかり聞いて、感情を受け止めよう。

周りの子どもたちは、発達障害のある子どもを仲間に入れると、自分が作っているものを壊されてしまう、ルールが乱されてしまう、勝敗がかかった遊びでは負けてしまうなどという思いから、発達障害のある子どもに参加してほしくないと感じてしまうことがあります。その背後には、自分が作っているものをうまく完成させたい、勝負に勝ちたいなどの思いがあるのです。

このような子どもたちに対しては、「そんなことを言ってはいけません」「仲よくしないとだめでしょ」などと仲よくすることを強要する前に、なぜ発達障害のある子どもが参加することを嫌だと感じるのか、子どもの率直な気持ちを聞き、まずはその感情を受け止めてください。頭ごなしに叱ることによって、子どもは自分の気持ちを受け入れてもらえないと感じてしまい、保育者の前でだけ発達障害のある子どもと仲よくすることになります。

パターン 2

なぜ嫌なことをするのかがわからない

……
ベタベタ

発達障害のある子が近づいてくる意味がわからず、迷惑と感じてしまう。

発達障害のある子の気持ちを代弁しよう

Aちゃんは
あなたのことが
大好きで、いっしょに
遊びたいんだって

「好きだから、いっしょに遊びたい」ということを伝えよう。

発達障害のある子は、何をしたら相手が嫌だと感じるのかを理解することが苦手です。また、相手の表情を読むことができません。しかし、周りの子どもにしてみれば、発達障害のある子がなぜ自分に嫌なことをしてくるのかがわかりません。

保育者は、周りの子どもに対して、発達障害のある子の気持ちを代弁してください。例えば、周りの子どもが嫌がっているにもかかわらず、いっしょに遊びたくてつきまとっていたり、髪の毛を引っ張ったりする発達障害のある子どもがいたら、「A ちゃんは、あなたが大好きで、いっしょに遊びたかったのよ。でも、どう誘ったらいいのかがわからなかったみたいなの」などと、そうしてしまった状況や気持ちを説明します。

Aちゃんは私と
遊びたいんだわ

発達障害のある子どもの参加を嫌がる

パターン3

我慢することに納得できない

我慢するように言われても、納得できない。

行動が適切だったか考えさせよう

自分がしたのと同じ行動をとられたらどう思うかを考えさせよう。

発達障害のある子がルールを守らなかったり、周りの子どもたちが嫌がることをしたりしたとき、保育者は「仕方のないことなので、我慢するように」と周りの子どもに伝えることがあります。しかし、そのように保育者に言われても、周りの子どもたちは納得できません。

「我慢しなさい」というのではなく、まずは周りの子どもたちの素直な気持ちを受け入れてください。そのあとに、発達障害のある子に保育者からきちんと注意しておくことを伝えるとともに、その子どもが発達障害のある子にとった行動が適切であったのかを考えさせます。例えば、発達障害のある子に対して「あっちに行け」などと拒絶の発言をしていたら、自分が他の友達からそう言われたらどう思うかを考えさせるのです。そのうえで、どう声をかければ発達障害のある子がその子どもの嫌がる行動をとらずにいっしょに遊べるかを提案してください。

補足　周りの子どもの気持ちを受け入れるところから始めよう

　クラスの子どもたちが発達障害のある子どもの参加を嫌がる姿を見ると、保育者として胸が痛み、「仲よくしなさい」「自分が反対にされたら嫌でしょ」などといっしょに遊ぶことを強要したり、仲間はずれにすることをよくないこととして叱ることがあります。しかし、そのような対応では、表面上は保育者に叱られないように発達障害のある子どもを受け入れているようなそぶりを見せますが、保育者の見ていないところでいじめたり仲間はずれを続けてしまったりすることがあります。

　まずは、子どもの気持ちを受け入れるところから始めてください。自分の気持ちが受け入れられたと感じられれば、自分が仲間はずれにされたらどう思うか、どうしたらいっしょに遊ぶことができるかを考えるように促されても、素直にそれを考えられるようになります。

Q　負けたのは発達障害のある子どものせいと言われたら？

運動会のリレーで勝てなかったときに、「Aくんがメンバーにいたからだ」と周りの子どもたちが言ったら、どう対応すればよいのでしょうか。

A　最後までやりぬく大切さを伝えましょう

　運動会のリレーで負けて悔しかったと思うのは、子どもの当然の気持ちです。「そんなことを言ってはいけません」と強く叱るよりも、まずは、「勝ちたかった」という子どもの気持ちを受け入れるところから始めてください。運動会の当日は、保育者は発達障害のある子どもががんばっていたと感じたことを伝えてください。

　後日、あらためて「発達障害のある子どもが参加せずに、リレーで勝つこと」が同じクラスの仲間としてよいことなのかを話し合うようにしてください。最終的には、リレーで負けてしまったことは残念だったが、１人ひとりが最後まで一生懸命に走りぬいたことにも価値があることを、子どもたちが感じられるように導いてください。

保護者が話を聞いてくれない

パターン1

保育者の話を理解できない

保育者に子どもの状態を指摘されてもよくわからない。

子どもの状態を具体的に伝えよう

子どもがどのようなことに困っているのかがわかるように話そう。

　初めての子どもであったり、わが子と同年齢の子どもをあまり見てこなかったりした保護者は、子どもに発達の偏りがあっても、気がつかないことがあります。そのような保護者は、保育者から子どもの状態を指摘されても、最初は保育者の話をよく理解できません。

　子どもがどのような状態であるのか、園ではどのように対応しているのかを具体的に伝えてください。その際に、「私たちがこの子の対応に困っている」と話すのではなく、「子どもが困っているので、なんとかしてあげたい」「家庭と園でいっしょに考えていきたい」ということを強調するようにしましょう。

パターン
2

気づいているが受け入れられない

実際は子どもの状態に気づいているのに、それを受け入れられずにいる。

葛藤に共感しつつも事実は伝えよう

保護者の葛藤に共感しながらも、しっかりと事実を伝えよう。

保護者が保育者の話を聞こうとしないのは、突きつけられる現実から目を背けていたいからです。これは、子どもの障害を受容する過程のなかで出てくる自然な反応なので、保護者を責めてはいけません。

日々の報告だけでは話をはぐらかしたり、話を聞こうとしない場合、面談の場を設けてみましょう。そこで、子どもの状態を伝え、今後について話し合います。そのなかで専門機関の受診を勧める際には、「子どものために」「念のために」診てもらうとよいと伝えます。

面談で事実を突きつけると、最初は保護者がショックを受けたり、保育者に怒りを向けたりすることがあります。しかし、その子がこれから必要な支援を受けて発達していくためには、避けて通れない道です。この面談がきっかけで保護者との関係が途切れてしまうことのないように、日頃から信頼関係づくりに努めておきましょう。

保護者が話を聞いてくれない

パターン 3

他の親族に非難されるのが怖い

親族に非難されるのを恐れて、保育者の話に応じることができない。

立場を理解することから始めよう

微妙な立場を理解する姿勢を見せるところから、話を始めよう。

保護者が子どもの障害を疑っていても、祖父母などがそれを否定したり、「お前の育て方が悪いからだ」などと非難したりすることがあります。保護者はそうした親族の反応と、子どもを心配する気持ちとの間で、身動きがとれなくなっていることがあります。

保育者は、保護者の話に共感し、保護者がグチをこぼしたときには、それに意見したり反論したりせず、保護者の話に耳を傾けるようにします。そのうえで面談の機会を設けて、子どもの今後についていっしょに考えるとよいでしょう。

「うちの子が障害児!?」と怒り出した保護者には？

面談中に保護者が、「うちの子が障害児だと言いたいのですか！」と激しく怒り出してしまいました。このようなとき、何と答えたらよいのでしょうか？

気持ちをしっかりと受け止めましょう

保育者は、子どものことを第一に考えているということを強調しましょう。

また、「気持ちはよくわかる」と相手の気持ちを受け止める言葉をかけます。

さらに、過去に同じような特徴のある子どもが専門機関で診断を受けたことで、専門機関と保育者が協力して子どもに関われるようになり、子どもが大きく伸びたという話を出すとよいでしょう。

なお、その場ではそれ以上話が進まなくても、保護者に子どもをめぐる問題や、保育者の考えが伝わったことを、一歩前進と捉えましょう。

専門機関受診の提案にショックを受けた保護者には？

保護者と話し合った際に「念のために専門機関を受診しては」と提案したら、ショックを受けてしまい、それ以来、思いつめた顔をしています。どのように対応したらよいでしょうか。

落ち着きを取り戻すのを待ちましょう

一度受診をすることを勧めたら、しばらくは保護者からの反応を待ちましょう。その間に、保護者がつらい気持ちを打ち明けてきたら、それをうなずきながら聞くようにします。

保護者が落ち着きを取り戻して子どもに目を向けられるようになったら、「念のためだから」と背中を押してみましょう。

保護者編

家庭での姿と違うので信じてもらえない

パターン 1

問題行動を許さず厳しくしつけている

家庭では、保護者が子どもの問題行動を許さず、厳しくしつけている。

園での様子を知ってもらおう

園での問題行動を、実際に見てもらう。

家庭と園での子どもの姿にギャップがある場合、保育者がいくら子どもの問題行動について報告しても、保護者に信じてもらえないことがあります。保護者には、子どものありのままの姿を見てもらうようにしましょう。

来園してもらう場合には、子どもが保護者の存在に気づかないように、子どもに見つからない場所から見学してもらうなどの配慮が必要になります。

なお、家の中とは異なる子どもの姿に気づいた保護者は、大きく動揺したり、ショックを受けたりすることがあるので、その後も、こまめに声をかけて話を聞き、保護者の気持ちに寄り添うようにします。

パターン 2

家庭と集団生活の違いに気づかない

集団生活では家庭よりも問題行動が出やすいことを、保護者が気づかない。

集団のなかの様子を見てもらう

集団のなかにいる子どもの様子を見てもらう。

家庭では、自分の要求が通りやすい、安心して過ごせる空間があるなどの理由から、子どもが園にいるときより落ち着いて過ごしていることがあります。そのため、保護者は保育者の話をそれほど深刻に受け止めようとしません。

このような保護者に対しても、園での子どもの様子を見てもらうようにします。運動会や発表会などの機会を利用するのも、1つの方法です。

家庭での姿と違うので信じてもらえない

パターン 3

何が問題行動かを理解していない

保護者が、どういう行動が問題なのかを理解していない。

専門的な支援の必要性を伝えよう

専門家の本を見せるなどして、支援の必要性を伝えよう。

「夫が小さい頃に同じ行動をとっていた」などの理由から、「この時期の子どもはこういうものだから気にすることはない」と思っている保護者がいます。このような保護者には、子どもが支援を必要としていること、専門の支援を受けることで子どもの行動が大きく改善していく可能性があることに気づいてもらう必要があります。

保護者に気づいてもらうきっかけとして、専門家の言葉を借りてみましょう。例えば、「本に○○くんによく似た特徴が書かれていたので、見てもらいたい」などと話を切り出してみます。次に、専門的な支援を受けることで子どもの行動が大きく改善していった事例などをあげて、支援の必要性に気づいてもらうようにします。

補足　園での子どもの姿を保護者に知ってもらうには

保護者に来園して子どもの様子を見てもらう場合には、「お子さんのことで気になることがあるので、いっしょに考えていきたい。一度園に様子を見に来てほしい」と呼びかけてみます。来園の日には、子どもに保護者が来ていることがわからないように、子どもに見つからない場所から観察してもらいます。例えば、ドアの窓に絵を描いた厚紙を貼り、その一部に穴をあけて、そこから観察してもらいます。

子どもの様子を撮影したビデオ映像を見せる方法もあります。この場合、対象となる子どもだけを映した映像を見せると、保護者が不快感をもつことがあります。そこで、保育室全体が映るようにして、そこに子どもの姿が入るように撮影します。保護者に映像を見せるときには、「自分の保育を振り返るために記録をとっているのですが、そのなかに映ったお子さんの様子を見てほしい」と伝えるようにしましょう。

Q　園での様子を報告すると家庭で子どもを叱る保護者には？

園での子どもの様子を報告するたびに、保護者が家で子どもを叱るようになってしまいました。叱らないように伝えても効果はありません。どのように対応すればよいでしょうか。

A　子ども自身が努力していることを伝えましょう

子ども自身がうまく自分の行動をコントロールできずに困っているということが、保護者に十分に伝わっていません。まずは、子どもなりに努力していること、一番困っているのは子ども自身であること、時間がたってから子どもを叱っても効果がないことを伝えましょう。

専門機関の支援の内容を伝えてくれない

パターン 1

専門機関に通っていることを知られたくない

専門機関に通っていることや、そこでのやりとりを保育者に知られたくない。

話すことを嫌がったら無理に聞かないで

無理に聞き出さず、話してくれるのを待とう。

子どもの障害を認めていたとしても、子どもの障害のことや専門機関に通っていることを周囲の人に知られたくないと、話をすることに強い抵抗を感じる保護者がいます。周囲の人に知られることに親族が抵抗を感じ、保護者に口止めをしていることもあります。

保育者が、専門機関での子どもの様子や支援の内容について聞こうとしたときに、保護者が話をそらしたり、話を早急に切り上げようとしたりするそぶりを見せたら、無理に話を聞き出そうとするのはやめましょう。この段階では、次の２つを心がけます。

① 子どもの状態については、保護者が話してくれるのを待つ。

② 日々の保育のなかで、子どもに対してできる範囲の支援をする。

パターン
2

就学への影響を心配している

就学などへの影響を心配して、話をしない。

就学相談の前に話す機会を設けよう

就学相談の前に、就学についてじっくり話す機会を設けよう。

子どもの就学に影響が出てはいけないからと、子どもが受けた診断名や専門機関で言われたことを、保育者に話さない保護者がいます。140ページでも述べたように、専門機関でのやりとりを保護者から無理に聞き出すことはやめましょう。しかし、就学に関しては、保護者が保育者と話すことを嫌がっても、一度じっくりと話す機会を設ける必要があります。

就学に関する面談は、実際に就学相談が始まる年長児ではなく、年中児の段階で一度行っておくとよいです。その際に、現在の子どもの状態、就学後に子どもが困ると予想されることなどについて、保育者の考えを伝えます。また、保護者の不安を受け止めつつ、「お子さんにとって一番よい進路について、今後もいっしょに考えていきましょう」と伝えます。

専門機関の支援の内容を伝えてくれない

パターン
3

園に迷惑をかけると思っている

園に迷惑をかけてしまうと思って、話をできないでいる。

できることをしたいと伝えてみよう

なんとかしてあげたいと思っているという気持ちを伝えよう。

子どもに障害があると伝えると、保育者が子どもへの接し方に悩むのではないか、障害のある子どもを保育することを嫌がるのではないかと感じて、言い出せずにいる保護者がいます。

「子どもを園に通わせることを、先生たちは迷惑だと思わない」と実感できれば、子どもの障害のこと、専門機関でのやりとりのことなどを話してくれるようになります。保育者は以下の内容を保護者に伝えてみましょう。

① 保育者は、子ども１人ひとりに応じた関わりをしていること。
② 子どもが園で楽しく過ごしてくれることが、保育者の喜びであること。
③ 子どもが現在困っている問題を、なんとかしてあげたいと思っていること。
④ 子どもへの関わりのヒントになる情報があれば、ぜひ教えてほしいこと。

Q 専門機関で行っていることと同じようにしてと言われたら？

専門機関で行っている療育を、園でも同じように実践してほしいと言われたら、どのように対応すればよいのでしょうか。

A 園で検討した結果、対応できないと伝えましょう

園で対応できないことは、断らざるを得ません。ただし、担任が話を受けてすぐに断ったのでは、「話を聞こうともしてくれない」と保護者が感じてしまう可能性があります。そこで、「一度園長に相談してみる」と話し、後日、返事をするようにしましょう。

返事をする際には、対応できない理由を伝えるとともに、園でもできることは参考にしていきたいという保育者の姿勢を見せるようにするとよいでしょう。

監修者◆徳田克己（とくだ・かつみ）

筑波大学医学医療系教授。子ども支援研究所所長。教育学博士、臨床心理士、専門は子ども支援。全国の幼稚園、保育所などを巡回して、保育者や保護者を対象とした気になる子どもの相談活動を行っている。「気になる子の保育のための 運動あそび・感覚あそび」「具体的な対応がわかる 気になる子の偏食」（チャイルド本社）、「育児の教科書クレヨンしんちゃん」（福村出版）、「親を惑わす専門家の言葉」（中央公論新社）など、著書多数。

編著者◆水野智美（筑波大学医学医療系）

執筆者◆大越和美（子ども支援研究所）
◆西館有沙（富山大学人間発達科学部）
◆西村実穂（東京未来大学こども心理学部）

表紙イラスト◆くすはら順子
本文イラスト◆北村友紀、三浦晃子、みやれいこ
表紙カバー・本文デザイン◆竹内玲子
本文校正◆有限会社くすのき舎
編集協力◆東條美香
編集担当◆石山哲郎

・・・具体的な対応がわかる・・・
気になる子の保育
発達障害を理解し、保育するために

2012年 7月　初版第1刷発行
2022年 1月　　　第13刷発行

監修者　徳田克己　ⒸKatsumi Tokuda , the others 2012
発行人　大橋 潤
発行所　株式会社チャイルド本社
〒112-8512　東京都文京区小石川5-24-21
電話　03-3813-2141（営業）　03-3813-9445（編集）
振替　00100-4-38410
印刷・製本所　図書印刷株式会社
ISBN　978-4-8054-0199-6
NDC 376　24×19cm　144P